भाषा आद्यंत प्रविधि

भाषा आद्यंत प्रविधि

राजकुमार

वाणी प्रकाशन

वाणी प्रकाशन

4695, 21-ए, दरियागंज, नयी दिल्ली 110 002

शाखा

अशोक राजपथ, पटना 800 004

फ़ोन: +91 11 23273167 फ़ैक्स: +91 11 23275710

www.vaniprakashan.in
vaniprakashan@gmail.com

BHASHA ADYANT PRAVIDHI
by Rajkumar

ISBN : 978-93-5000-707-5

Linguistic

प्रथम संस्करण 2011

मूल्य : ₹ 200

ओम ऑफसेट प्लेट मेकिंग

वाणी प्रकाशन का लोगो मक़बूल फ़िदा हुसेन की कूची से

हिन्दी में नये विमर्शों के जन्मदाता
प्रो. सुधीश पचौरी को

क्रम

भूमिका

जब फोर्ट विलियम कॉलेज अस्तित्व में आया तो अकादमिक जरूरतों को पूरा करने के लिए नए ढंग से पाठ्यक्रमों के निर्माण का भी काम हाथ में लिया। अकादमिक जरूरतों को ध्यान में रखकर ही श्यामसुन्दर दास और रामचंद्र शुक्ल ने भी पाठ्यक्रम निर्माण की दिशा में बहुत महत्त्वपूर्ण भूमिका निभायी। आदिकालीन साहित्य और मध्यकालीन साहित्य के भी पाठ को शोध-संपादित कर स्थिर किया गया और बाद में पाठ्यक्रमों में जोड़ा गया। हम विद्वान लेखक-आलोचक रामचंद्र शुक्ल, माता प्रसाद गुप्त, वासुदेव शरण अग्रवाल, विश्वनाथ प्रसाद मिश्र आदि को इसलिए याद करते हैं क्योंकि उन्होंने कबीर, जायसी, सूर, बिहारी, घनानंद जैसे महान कवियों के पाठ को स्थिर कर पाठकों तक पहुँचाया। जिसका हवाला आज भी दिया जाता है। पाठकों तक टेक्स्ट या ज्ञान सामग्री को पहुँचाने का एक महत्त्वपूर्ण जरिया अकादमिक जगत भी रहा है। साहित्य ही नहीं कमोबेश यह स्थिति दर्शन, मनोविज्ञान, कला, इतिहास, समाजशास्त्र, राजनीति विज्ञान आदि पर भी लागू होती है। एक नजरिए से देखें तो अकादमिक जरूरतों के लिए जो पाठ्यक्रम बनाए गए, उसकी भी एक सुदीर्घ परंपरा और इतिहास है।

यह पुस्तक भी अकादमिक जरुरतों को ध्यान में रखकर लिखी गई है। जैसे-जैसे राजनीति, समाज और ज्ञान-विज्ञान के क्षेत्र में बदलाव आ रहे हैं, पाठ्यक्रमों में भी बदलाव की जरूरत महसूस की जा रही है। या कहें पाठ्यक्रम के साथ पाठ्य-पुस्तकें भी बदल रही हैं। एथनिक ग्रुपों के उभार और अस्मिताओं के विमर्श के कारण पाठ्य-सामग्री बदली है। यह पुस्तक परंपरागत ज्ञान के स्रोतों से लेकर समकालीन विमर्शों के अध्ययन की प्रविधिगत समस्याओं पर विचार करती है। भाषा, साहित्य, संस्कृति, प्रकृति विज्ञान, इतिहास, समाज विज्ञान, दर्शन आदि की सैद्धांतिक, प्रविधिगत और आलोचनात्मक बुनियादी समस्याएँ एवं उलझनें क्या हैं? इनके आपसी संबंध और अलगाव के महत्त्वपूर्ण बिन्दु कौन-कौन से हैं, यहाँ इन्हीं

प्रश्नों को सुलझाने की कोशिश की गई है। यह पुस्तक भाषा और उसकी संरचना की अवस्थिति को विभिन्न आयामों में खोलती है। व्यक्तिनिष्ठता और वस्तुनिष्ठता के जटिल सवालों से उलझती है। भारतीय और पश्चिमी साहित्य एवं दर्शन में 'पाठ' की सैद्धांतिकी एवं प्रविधिगत मसले को समझने-समझाने पर जोर देती है। हालांकि इस कसौटी पर पुस्तक कितना खरा उतरी है, यह तो पाठक ही तय करेंगे।

रोलां बार्थ की मानें तो हर रचना अपने पूर्ववर्तियों की ऋणी है। वह परंपरा से ग्रहण करती है। सीखती है। नकल करती है। चोरी भी। मैंने भी इस पुस्तक को तैयार करने में सामग्री उधार ली है। मैं भारतीय दर्शन के महान विचारक डा. राधाकृष्णन, प्रसिद्ध लेखक अभिजीत कुंडु, प्रमोद के. नायर, श्वेता का विशेष रूप से ऋणी हूँ। मैंने उनसे सामग्री लेकर काफी हद तक भाषांतरण की कोशिश की है। गुत्थियों को सुलझाने में मददगार साथी हरि प्रसाद एवं रीनू का भी आभारी हूँ। इस पुस्तक के योजनाकार गुरुवर सुधीश पचौरी और प्रकाशक अरुण माहेश्वरी हैं। उनके प्रति विनम्र श्रद्धा।

अध्याय एक

सृजन में मानविकी की भूमिका

अध्याय की रूपरेखा

- भूमिका
- प्राकृतिक, सामाजिक और मानव विज्ञान में अंतर
- तथ्य और व्याख्या
- इतिहास एक गल्पकथा के रूप में
- प्राकृतिक विश्व का अध्ययन विषयात्मक/व्यक्तिनिष्ठता रूप में
- रुचियों, मूल्यों और आस्थामूलक प्रणालियों का अध्ययन
- विचारधारा का प्रश्न

भूमिका

'मानविकी' से हम क्या समझते हैं? यह बेहद जटिल और समस्यामूलक प्रश्न है। समय-समय पर इसे परिभाषित और व्याख्यायित करने की कोशिश की गई है। यूनानी शास्त्रीय विचारधारा के मतानुसार वहाँ के नागरिकों को व्यापक शिक्षा प्रदान करना मानविकी है। उदारवादी कला की अवधारणा भी इन्हीं परंपराओं में सन्निहित है। यूँ तो मानविकी शब्द का प्रयोग पहली बार संभवतः इतालवी पुनर्जागरण काल में हुआ। तब इसे ईसाइयों के नैतिक और आध्यात्मिक विकास संबंधी शिक्षा के संदर्भ में इस्तेमाल किया गया। आज इस शब्द का प्रयोग ज्ञान की उन सभी शाखाओं के संदर्भ में किया जाता है जिनका संबंध आमतौर पर मानव के सर्जनात्मक विचारों, अभिव्यक्तियों और संस्कृतियों से है। और सामान्यतः उनका वर्गीकरण अकादमिक जगत में विज्ञान संबंधी शिक्षा से इतर अन्य शाखाओं के रूप में किया गया है।

आमतौर पर मानविकी में ज्ञान की वे सभी शाखाएँ शामिल की जाती हैं जिनका संबंध ऐसे रचनात्मक हस्तक्षेप की प्रक्रिया से है, जो मनुष्य को अपने जीवन के अनुभवों की कल्पनाशील व्याख्याओं और उनके अर्थगत मूल्यों को बताने एवं

समझाने में सक्षम बनाते हैं। मसलन साहित्य की विभिन्न विधाएं यथा–उपन्यास, लघुकथा, कहानी, कविता, नाटक इत्यादि मनुष्य के जीवन के विविध अनुभवों की सच्चाइयों का कल्पनाशील प्रतिनिधित्व करते हैं। यह और बात है कि साहित्य के दायरे में अभिव्यक्ति की शैली, देशकाल और भौगोलिक स्थितियों में अंतर हो सकता है। उदाहरण के लिए प्रेमचंद के उपन्यास 'गोदान' और रेणु के 'मैला आँचल' को ले सकते हैं। गोदान का प्रतिनिधि चरित्र होरी है। वह भारतीय किसानों की त्रासदी का प्रतिनिधित्व करता है। जबकि मैला आंचल में 'अंचल या स्थानीयता' प्रतिनिधित्व करता है। यहाँ कोई प्रतिनिधि चरित्र नहीं है। यह समूचे भारतीय राजनीति और उसके विकास की अवधारणा के झूठ पड़ जाने की त्रासदी को अभिव्यक्त करता है।

यूँ तो मानविकी की सटीक परिभाषा गढ़ना बेहद मुश्किल काम है। बावजूद इसके निम्नलिखित अनुशासनों को मानविकी के अंतर्गत स्वीकार किया जाता है–

क. प्राचीन ग्रंथ व शास्त्र

ख. साहित्य और भाषाएँ

ग. दर्शनशास्त्र

घ. धर्मशास्त्र

ङ. दृश्यात्मक और प्रदर्शनमूलक कलाएँ (नाटक, रंगमंच, फिल्म, पेंटिंग्स, मूर्ति शिल्प आदि)

च. इतिहास

जीवन के विवेकशील और अविवेकशील दोनों ही प्रकार के अनुभवों के रहस्य को मानविकी में उद्‌घाटित किया जाता है। साथ ही यह जानने की कोशिश की जाती है कि मनुष्य के जीवन और उसके द्वारा रचे गए संसार की अर्थवत्ता और व्याख्या क्या है? उसके बनने की प्रक्रिया क्या है? मानविकी मनुष्य की संवेदनाओं, अनुभूतियों, स्थितियों-परिस्थितियों, घटनाओं की संश्लिष्ट अभिव्यक्ति है। संक्षेप में, मानविकी का उद्देश्य विश्व में बौद्धिक-आध्यात्मिक संवेदनाओं के संसार की रचना करना है।

प्राकृतिक, सामाजिक और मानव विज्ञान में अंतर

विज्ञान क्या है?

विज्ञान सभी प्राकृतिक और सामाजिक परिस्थितियों तथा चीजों का क्रमबद्ध एवं व्यवस्थित अध्ययन है। घटनाओं की पुष्ट व अपुष्ट अभिव्यक्तियों, विचारों एवं संदर्भों को वैज्ञानिक दृष्टियों के माध्यम से परिभाषित किया जा सकता है। वैज्ञानिक दृष्टि से क्रमबद्ध एवं संग्रहित तथ्यों व आंकड़ों को निम्न क्रम में रखते हैं–

- व्यवस्थित तरीके से आंकड़ों का संकलन
- आंकड़ों का विश्लेषण

• तथ्यों के मध्य में संबंधों का आकलन व निर्धारण
• कार्य-कारण व्याख्याओं का निर्धारण

फिर विज्ञान में व्याख्याओं; पूर्वानुमानों; नियमों; सिद्धांतों की लगातार पुष्टि करके प्रमाणन किया जाता है। दूसरे शब्दों में, उसकी वैधता की जाँच की जाती है। वैज्ञानिक पद्धति पूर्वानुमानों का परीक्षण करती है। पूर्वनिर्धारित अवधारणाओं की जाँच करती है। उसमें परिकल्पनाओं के खंडन तथा उन्हें निराधार सिद्ध करने के लिए तर्क गढ़ने की योग्यता भी होती है। दरअसल विज्ञान, सच्चाई की तह तक पहुँचने की क्रिया और वैसा करने की सबसे सटीक पद्धति को ढूँढ़ने की प्रक्रिया है।

पारंपरिक रूप में विज्ञान परीक्षासिद्ध अथवा स्वयंसिद्ध विचारों को समर्पित है। यह अनुभवजन्य साक्ष्य है जिसका वस्तुनिष्ठ सत्य से संबंध है और जिसे इंद्रियों से महसूस किया जा सकता है। उसे किसी वैज्ञानिक क्रिया का परिणाम माना जाता है। इस प्रकार विज्ञान का लक्ष्य आत्यंतिक सत्य या परम सत्य तक पहुँचना है जो आलोचना की कसौटी पर भी खरा उतरता है। वैज्ञानिक पद्धतियाँ चूंकि सत्यता/शुद्धता एवं वस्तुनिष्ठता पर केंद्रित हैं इसलिए अध्ययन के लिए प्राकृतिक गोचर विषयों की दुनिया से अधिक समीचीन विषय और कोई नहीं हो सकता।

प्राकृतिक विज्ञान/प्रकृति विज्ञान

बाहरी प्राकृतिक विश्व का वैज्ञानिक अध्ययन प्राकृतिक विज्ञान कहलाता है। प्राकृतिक विज्ञान के अध्ययन में वैज्ञानिक प्रक्रिया अत्यंत प्रत्यक्ष रूप में अंतर्निहित है। इसका प्रयोगसिद्ध यथार्थ हमारी इंद्रियों द्वारा महसूस किया जा सकता है। विषयवस्तु का अध्ययन एवं परीक्षण बाहर से भी किया जा सकता है। इस प्रकार वैज्ञानिक पद्धति के जरिए प्राकृतिक दुनिया की घटनाओं के बारे में बहुत हद तक पूर्वानुमान लगाया जा सकता है। इसमें आंकड़ों को अत्यंत वस्तुनिष्ठ रूप में परिमाणित, चयनित और वर्गीकृत किया जाता है।

प्राकृतिक विज्ञान में घटनाओं या विषयों के सीधे सर्वेक्षण के माध्यम से भी जानकारियाँ जुटायी जाती हैं। या प्रत्यक्ष विषयों की सीधी निगरानी के माध्यम से भी। इसमें वैज्ञानिक गोचर विषयों के कार्य-कारण संबंधों के बारे में अपनी परिकल्पना की पुष्टि अथवा खंडन उनके नियंत्रित प्रयोगों के निष्कर्ष के आधार पर करते हैं। ऐसे शृंखलाबद्ध प्रयोगों के आधार पर हासिल निष्कर्षों से वैज्ञानिकों को ऐसे स्थिर सिद्धांतों की रचना में सहायता मिलती है जिन्हें प्राकृतिक जगत में सही रूप में लागू किया जा सकता है। भौतिक जगत की वास्तविकता का अध्ययन इस आधार पर किया जाता है कि पहले उसकी स्थिति क्या थी और मौजूदा स्वरूप प्राप्त करने तक वह किस प्रक्रिया से गुजरा है।

अंतरिक्ष विज्ञान, पृथ्वी विज्ञान, भौतिकी, रसायन शास्त्र, जीव विज्ञान आदि से

जुड़े विस्तृत विषय और उपविषय को हम प्राकृतिक विज्ञान की विधा के रूप में शामिल करते हैं। 17वीं शताब्दी के उत्तरार्द्ध में आधुनिक विज्ञान का विकास हुआ। इसने आधुनिक जीवन के विकास में अतुलनीय योगदान किया। 'पावर और नॉलेज' (शक्ति और ज्ञान) के क्षेत्र में सर्वाधिक विश्वसनीय विधा के रूप में इसका जन्म हुआ। इसने यथार्थता पर बल दिया। सत्य के संधान की सबसे तार्किक पद्धति के रूप में इसका विकास हुआ। ज्ञान की प्रामाणिकता और शुद्धता को उपलब्ध कराने में इस प्रविधि की जबरदस्त विशेषता के कारण इसकी लोकप्रियता बढ़ती गई।

सामाजिक विज्ञान

अध्ययन योग्य प्रत्यक्ष विषयों एवं घटनाओं को दो प्रकार के गोचर विषयों—प्राकृतिक एवं सामाजिक में बाँटा जा सकता है। प्राकृतिक प्रत्यक्ष विषयों में मानव का कोई दखल नहीं होता जबकि सामाजिक प्रत्यक्ष विषय का अस्तित्व ही मानवीय व्यवहार पर आधारित है। मनुष्य के सामाजिक व्यवहार की व्याख्या अथवा भविष्यवाणी जब वैज्ञानिक पद्धतियों के आधार पर की जाती है तब उससे उत्पन्न ज्ञान को ही सामाजिक विज्ञान कहा जाता है। सामाजिक विज्ञान के अंतर्गत समाजशास्त्र, नृतत्वशास्त्र, राजनीतिक विज्ञान, मनोविज्ञान और अर्थशास्त्र का अध्ययन किया जाता है।

सामाजिक विज्ञाम का रोचक लक्षण यह है कि व्यक्तिपरक दुनिया और मानव व्यवहार के विश्लेषण में यह मानविकी के करीब है। लेकिन अपने विषय के निर्धारण के लिए वैज्ञानिक प्रविधि और पद्धति का इस्तेमाल करता है। चूंकि सत्य के संधान का सबसे प्रामाणिक दावा विज्ञान करता है इसलिए सामाजिक विज्ञान भी प्राकृतिक विज्ञान की प्रक्रियाओं को अपनाते हुए विज्ञान होने का दावा करता है।

प्राकृतिक पर्यावरण से संबंद्ध विषयों भौतिकी शास्त्र, रसायन शास्त्र तथा जीव विज्ञान आदि में वैज्ञानिक खोजबीन में भारी सफलता मिली है। यह जगजाहिर है कि ऐसी सफलता प्राप्त करने में सहायक पद्धतियों को सामाजिक विज्ञान ने भी अपनाया है। लेकिन ध्यान देने वाली बात यह है कि सामाजिक विज्ञान का संबंध सामाजिक पर्यावरण से है, तो क्या ऐसे में वैज्ञानिक पद्धतियाँ, प्रविधियाँ, विश्लेषण एवं मानव व्यवहार का पूर्वानुमान लगाने में इसका उपयोग संभव है?

असल में प्राकृतिक और सामाजिक विज्ञान की पद्धतियों, विषयवस्तु और लक्ष्यों में भी भिन्नता है। प्राकृतिक विज्ञान से हमें यह ज्ञान प्राप्त होता है कि 'पदार्थ क्या था, कैसा है और कैसा होगा'। दूसरी ओर सामाजिक विज्ञान में कुछ भी स्पष्ट निर्धारित किए बगैर ही "क्या है और क्या होना चाहिए" की समस्या से नजदीक से जूझा जाता है। दार्शनिक स्तर पर वह सामान्यतः अपने हेतु और व्यापक अर्थों में मानव जाति की बेहतरी के प्रयास करते हैं। प्राकृतिक विज्ञान और सामाजिक

विज्ञान में इस अंतर का कारण इनकी विषय वस्तु में भिन्नता है। बाहरी दुनिया अथवा प्राकृतिक प्रत्यक्ष विषय का चूंकि परिमाणन, प्रत्यक्ष दर्शन, परिमापन और नियंत्रण संभव है इसलिए वैज्ञानिकों के लिए उस पर अपनी पद्धतियाँ लागू करना आसान होता है। जबकि सामाजिक दुनिया अनिवार्यतः कहीं अधिक जटिल है और इसमें आत्मपरकता, मूल्य, आस्थाएँ, नैतिकता और पूर्वाग्रह शामिल हैं। इसके अलावा मानवीय अनुभवों की विवेकपूर्ण और अविवेकपूर्ण दोनों ही रूपों में असंख्य व्याख्या हो सकती है। वास्तविकता यह है कि सामाजिक विज्ञान में वैज्ञानिक पद्धतियों को तटस्थ और वस्तुनिष्ठ रूप में लागू किए जाने की प्रक्रिया को लेकर हमेशा से ही विवाद रहा है।

मानविकी

मानव की अवस्था के समग्रतापूर्ण अध्ययन की विधा ही सामान्यतः मानविकी कहलाती है। विभिन्न प्रदर्शनात्मक कलाओं तथा दर्शन, भाषा तथा साहित्य को मानविकी का मुख्य विषय माना जाता है। प्राकृतिक और सामाजिक विज्ञान मुख्य तौर पर अनुभवजन्य पद्धतियों पर आधारित हैं जबकि मानविकी में ऐसी पद्धतियाँ प्रयुक्त होती हैं जिनकी प्रवृत्ति रचनात्मक एवं परिकल्पनात्मक है। मानविकी में विश्लेषण और विचारों के आदान-प्रदान पर जोर रहता है न कि विज्ञान की तरह कार्य-कारण संबंध और परिमाणात्मक निष्कर्षों पर। इसलिए मानविकी हमें ऐसी कहानियाँ, विचार और शब्द प्रदान करती है जिनसे हम अपने जीवन और दुनिया की प्रवृत्तियों को पहचान पाते हैं। मानविकी हमें यह बताती है कि दूसरे लोगों ने जीवन कैसे जिया और उसके बारे में क्या सोचा। वह यह तय करने में हमारी मदद करती है कि हमारे जीवन में क्या महत्त्वपूर्ण है और उसे बेहतर बनाने के लिए हम क्या कर सकते हैं। मानविकी के जरिए दूसरों से जुड़कर हमें उन सवालों का हल मिल जाता है कि सही क्या है और गलत क्या है तथा अपनी विरासत और इतिहास के अनुरूप कैसे जिया सकता है।

मानविकी में मानवीय परिस्थितियों के अर्थ, उद्देश्य और लक्ष्यों की भूमिका समझाने पर जोर दिया जाता है। यह दरअसल विशिष्ट सामाजिक, ऐतिहासिक तथ्यों और घटनाओं के बारे में हमारी समझ को बढ़ाती है। इसमें घटनाओं के कार्य-कारण संबंध की व्याख्या पर जोर नहीं होता इसलिए मानवता के परम सत्य की खोज भी नहीं की जाती। व्याख्यात्मक विधाएँ होने के कारण मानविकी संबंधी विषयों में संस्कृति, साहित्य तथा इतिहास के अर्थ निकालने और उन्हें पुनः परिभाषित करने के लिए आख्यानात्मक कल्पनाशीलता को बहुधा महत्त्वपूर्ण साधन के रूप में प्रयुक्त किया जाता है।

दर्शनशास्त्र, इतिहास, मनोविज्ञान और अर्थशास्त्र में यह स्पष्ट तौर पर देखा

जाता है कि मानविकी और सामाजिक विज्ञान के अनुशासन और चीजें एक-दूसरे में गुँथे हुए हैं। दर्शनशास्त्र वास्तविक और अवास्तविक ज्ञान के सभी प्रकारों का संयोग है और ऐतिहासिक रूप में यह सभी तरह के विज्ञान और सामाजिक विज्ञान का स्रोत तथा मानविकी की ही विधा है। दर्शनशास्त्र प्रयोगों में नहीं उलझता। लेकिन मानव अस्तित्व पर विचाररत अन्य अनेक विधाओं के विपरीत इसमें व्यवस्थित समीक्षात्मक रवैया अपनाया जाता है। दर्शनशास्त्र तर्क पर आश्रित है।

पारंपरिक तौर पर इतिहास को मानविकी के अंतर्गत रखा गया था पर आधुनिक काल में इतिहास का दर्जा स्पष्ट नहीं है। इसकी वजह यह है कि इतिहास में अब कालक्रम वर्णन पर जोर दिया जा रहा है। और इसमें भी सामाजिक विज्ञान में अपनायी जाने वाली पद्धतियाँ स्वीकार कर ली गई हैं। इसीलिए अकादमिक जगत में इतिहास को भी सामाजिक विज्ञान की विधा माना जा रहा है। मनोविज्ञान, अर्थशास्त्र और समाजशास्त्र में भी प्राकृतिक विज्ञान में प्रयुक्त होने वाले जटिल अनुसंधान तकनीकों को ही अपना लिया गया है।

वैज्ञानिक पद्धति

समय के साथ वैज्ञानिकों के समुदाय ने यह महसूस किया कि प्राकृतिक विज्ञान में जैसी सुनिश्चितता जरूरी है वह सिर्फ तर्कशास्त्र और गणित पर लागू की जा सकती है और अनुभवजन्य प्रमाण पर अत्यधिक जोर देने से वैज्ञानिक पद्धतियों का दायरा सीमित हो जाता है। ऐसा माना जाता है कि वैज्ञानिक पद्धतियों का लक्ष्य किसी परम सत्य या अनुभवजन्य सिद्धि योग्य 'सत्य' को ढूँढ़ने के बजाय संभावित निश्चित निष्कर्ष खोजना होना चाहिए। अब सवाल यह है कि यह परिवर्तन क्यों हुआ?

अब विज्ञान के अंतर्गत प्रत्यक्ष धारणीय दुनिया के अधिकाधिक विषय आ रहे हैं। पहले मानवीय ज्ञान की निर्भरता प्रत्यक्ष अनुभव पर आधारित थी लेकिन जैसे-जैसे इन निष्कर्षों में शिथिलता आयी वैसे-वैसे सामाजिक और सांस्कृतिक जीवन की वे विधाएँ जो पहले गूढ़ या सृजनशील बौद्धिक विचार योग्य मानी जाती थीं—वैज्ञानिकता की कसौटी पर कसी जाने लगीं। उदाहरण के लिए जाति (कास्ट) तथा लिंग (जेंडर) से संबंधित विषय। हम जानते हैं कि यह इंसानी व्यवहार, सामाजिक जीवन शैली, ज्ञान और सोच के स्तर आदि को प्रभावित करते हैं। अब यह समाजशास्त्रियों के लिए व्यवस्थित अध्ययन के विषय बन गए हैं ताकि इनके निहितार्थों को उद्घाटित किया जा सके।

विज्ञान की नयी अवधारणा ने इस तथ्य को सामने रखा है कि भिन्न-भिन्न विषय-वस्तुओं के लिए भिन्न-भिन्न व्याख्याओं की आवश्यकता पड़ती है। इस वजह से यह स्वीकार करना उचित होगा कि प्राकृतिक विज्ञान, सामाजिक विज्ञान और

मानविकी में अंतर करने से समस्याओं और सवालों को सुलझाने में मदद मिलती है। विभिन्न विषयों के अध्ययन के लिए अलग-अलग व्याख्यात्मक सिद्धांत क्यों होते हैं--इस प्रश्न का उत्तर भी यहीं से निकलता है।

विज्ञान में यह निश्चित तौर पर महत्त्वपूर्ण है कि "हम क्या जानते हैं" पर इससे अधिक महत्त्वपूर्ण यह है कि "हम कैसे जानते हैं"। इसके लिए हमें सबसे पहले यह स्वीकारना होगा कि विश्व को जानने के कई तरीके हैं। ये प्राकृतिक भी हो सकते हैं और सामाजिक भी। दूसरा, ज्ञान प्राप्त करने की पद्धति के चयन से पूर्व यह जानना आवश्यक है कि अभीष्ट क्या है? साथ ही हमें यह मानना होगा कि जानने का कोई एकमात्र तरीका नहीं है। बल्कि और भी तरीके हो सकते हैं। हर प्रक्रिया में उस विषय की प्रकृति को संतुष्ट करना जरूरी है, जिसे जानने का प्रयास किया जा रहा है। इसका आसान सा उदाहरण यह है कि जब हम पानी के विभिन्न भौतिक रूपों को जानना चाहते हैं तो हम प्रयोगशाला में प्रयोग करते हैं। लेकिन यदि हमें आसमान में किसी ग्रह की गतिविधि मापनी हो तो हमें अलग तरह के उपकरणों और तकनीक की जरूरत पड़ेगी। इसी तरह यदि हमें यह जानना हो कि कोई जनसमूह विशेष किसी खास राजनीतिक दल के बारे में क्या सोचता है और उनके मतदान में वह भावना कैसे झलकेगी तो हमें एकदम अलग पद्धतियाँ अपनानी होंगी। यह आम पारंपरिक शास्त्रीय धारणा है कि वैज्ञानिक ज्ञान सटीक होता है। लेकिन यह धारणा लंबे समय से विवादग्रस्त है। ज्ञान की सटीकता की आकांक्षा मूलतः वस्तुनिष्ठता पर आधारित है। लेकिन विडंबना यह है कि सत्य के वस्तुनिष्ठ संधान (ऐसा सत्य जो सर्वसिद्ध और पुष्टि योग्य हो) में समीचीन पद्धति के निर्धारण में कठिनाई आती है।

हमें जब यह पता लगता है कि प्रकृति और समाज का अध्ययन भिन्न है और जीवन के अनुभवों की व्याख्या भी असंख्य प्रकारों से हो सकती है तो इसका मतलब यह है कि वस्तुनिष्ठ सत्य में भी उतार-चढ़ाव या बदलाव हो सकता है। चेतना के स्तर पर भौतिक और प्राकृतिक जगत को संवेदनाओं के जरिए समझा जा सकता है लेकिन समाज का या सामाजिक जीवन का अध्ययन इस प्रकार नहीं हो सकता। इससे निष्कर्ष निकलता है कि प्राकृतिक विज्ञान और सामाजिक विज्ञान/मानविकी में अंतर है।

तथ्य और व्याख्या

प्राकृतिक विज्ञान की पद्धतियों को अंधाधुंध सामाजिक विज्ञान की विधाओं पर लागू करने की कोशिशों की काफी आलोचना होती रही है। मानविकी या सामाजिक विज्ञान का वृहदांश मानवीय मूल्यों और प्रेरणाओं से संबंधित है। सामाजिक जगत के विभिन्न व्यक्तिपरक आयामों के कारण विज्ञान के आदर्शों का पुनर्निर्धारण

आवश्यक तो हो गया है लेकिन यहाँ हमारा सामना मूल्यों और विचारधाराओं से होता है। जो सांस्कृतिक भागफल होते हैं और तथ्यों के उद्घाटन में महत्त्वपूर्ण भूमिका निभाते हैं। तथा सामाजिक शोध की दिशा तय करते हैं। यहाँ यह जानना भी जरुरी है कि तथ्य क्या हैं?

लैटिन भाषा के 'फैक्टम' शब्द से उद्धृत 'तथ्य' शब्द का अर्थ ऐसी मिसाल से है जिसे सच सिद्ध किया जा सके, जिसका अस्तित्व हो अथवा जो घटित हुआ हो। तथ्य दरअसल किसी धारणा अथवा मान्यता के विपरीत किसी न किसी का यथार्थ ही होते हैं, सत्य अथवा किसी का वास्तविक अस्तित्व। तथ्यों का वस्तुपरक और परिमित अस्तित्व होता है। इसीलिए मानवीय इंद्रियाँ उन्हें प्रत्यक्ष महसूस कर सकती हैं। उनके वस्तुनिष्ठ अस्तित्व के कारण विज्ञान की वर्तमान पद्धतियों की कसौटी पर उन्हें कसा जा सकता है।

'तथ्य' निष्कर्षों, मतों एवं आस्थाओं से भिन्न होते हैं। कभी-कभार यह सत्य अथवा यथार्थ के पर्यायवाची के रूप में प्रयुक्त किए जाते हैं। वस्तुपरकता और सत्य का प्रश्न तथ्यों की खोज की प्रक्रिया का अविभाज्य अंग है। विज्ञान के ज्ञान का आधार चूंकि तथ्यों का व्यवस्थित क्रमबद्ध संग्रहण, पर्यवेक्षण, व्याख्यायन तथा विश्लेषण है इसलिए विभिन्न वैज्ञानिक विधा अपनी विषयवस्तु को तथ्य के रूप में सैद्धांतिक जामा पहनाती हैं।

ई. एच. कार ने अपनी पुस्तक 'व्हाट इज हिस्ट्री' (इतिहास क्या है) में कहा है कि व्याख्या एवं मूल्याधारित निर्णय की अंतर्निहित व्यवस्था के बिना तथ्यों का पता नहीं लगाया जा सकता। तथ्य जुटाने की समूची प्रक्रिया जिसमें—संकलन, चयन, काट-छांट, वर्गीकरण तथा आंकड़ों का विश्लेषण एवं व्याख्या शामिल हैं—वस्तुनिष्ठ सत्य के विचार को समस्याग्रस्त कर देते हैं। विशेषकर तब जब हम मानवीय परिक्षेत्र की चर्चा करते हैं।

यह समझना आवश्यक है कि तथ्य हमेशा छोटे, जमा, विश्लेषित और किसी सैद्धांतिक/परिकल्पित खांचे में व्याख्यायित किए जाते हैं जो हमेशा कुछ धारणाओं, मूल्यों एवं निर्णयों पर आधारित होते हैं। इसलिए पूर्णतः मूल्य निरपेक्ष विज्ञान का विचार जो व्यक्तिपरक व्याख्या से एकदम मुक्त हो, तथ्याधारित हो संभव नहीं लगता। ऐसा सामाजिक विज्ञान और मानविकी में और अधिक है। जिनके शोध में प्राकृतिक विज्ञान के मुकाबले मनुष्यों द्वारा व्यक्तिपरक व्याख्या की कहीं अधिक भूमिका होती है।

इतिहास एक गल्पकथा के रूप में

इतिहास अतीत/भूतकाल का अध्ययन है। वैसे तो यह बड़ा ही विस्तृत विचार है। पर इतिहास की अब तक कोई ऐसी उपयोगी परिभाषा नहीं गढ़ी गई जिससे हमें

इसे समझने में मदद मिले। भूतकाल में ऐसा कुछ भी और सभी कुछ शामिल है जो पहले घटा है। लेकिन अतीत के ऐसे अध्ययन के लिए विशिष्ट प्रक्रिया की जरूरत होती है। अर्थात इतिहासकार को पीछे जो कुछ भी घटित हुआ है, उसकी हर बात को पढ़ने की जरूरत नहीं है बल्कि पढ़ना यह है कि उसके विवरण कैसे बनाए जा सकते हैं।

ई. एच. कार लिखते हैं—'आरंभ में इतिहासकार तथ्यों का सामयिक तौर पर चुनाव करता है और उसकी एक सामयिक व्याख्या प्रस्तुत करता है जिसकी रोशनी में उसने तथा अन्य लोगों ने तथ्यों का चुनाव किया है। जैसे-जैसे उसका काम आगे बढ़ता है वैसे-वैसे ही तथ्यों की व्याख्या, चुनाव तथा वर्गीकरण में एक बहुत ही सूक्ष्म तथा संभवतः आंशिक, अचेतन परिवर्तन होता रहता है। इस पारस्परिक क्रिया में वर्तमान और अतीत की पारस्परिकता भी मिली होती है क्योंकि इतिहासकार वर्तमान का अंग होता है जबकि तथ्य अतीत के। इतिहासकार और इतिहास के तथ्य एक-दूसरे के लिए आवश्यक हैं। तथ्यों से विहीन इतिहासकार बिना जड़ का और व्यर्थ होता है। इतिहासकार के बिना तथ्य मृत और अर्थहीन होते हैं। अतः इतिहास क्या है, इस प्रश्न का मेरा पहला उत्तर यह होगा कि इतिहास, इतिहासकार और उसके तथ्यों की क्रिया-प्रतिक्रिया की एक अनवरत प्रक्रिया है, अतीत और वर्तमान के बीच एक अंतहीन संवाद है।

इतिहास, अतीत के मानव विषयों का अध्ययन है या प्राकृतिक घटनाओं का इसे लेकर बुनियादी तौर पर पसोपेश की स्थिति रही है। प्राकृतिक दुनिया के इतिहास से संबंधित कार्य करते हुए इतिहासकार इसे कार्य-कारण संबंधों के तौर पर परिभाषित कर सकते हैं पर मानवीय विषयों का अध्ययन करते समय इतिहासकारों ने यह महसूस किया कि उक्त भावना को ठोस वैज्ञानिक मायनों में इस्तेमाल नहीं किया जा सकता। मिसाल के तौर पर, जब कोई कहता है कि औपनिवेशिक काल में रेलवे ने भारत के अलग-थलग पड़े भाग को जोड़ दिया तो यहाँ कार्य-कारण संबंध बहुत समस्या पैदा नहीं करते। जबकि कोई यह कहे कि इस संपर्क से अनेकता में सांस्कृतिक एकता को बढ़ावा मिला है तो इससे कार्य-कारण संबंधों की पुष्टि नहीं होती है।

इसी तरह कलात्मक वस्तुओं को सचमुच खोदकर निकालना, पांडुलिपियों को खोजना या किसी महत्त्वपूर्ण घटना के विवरण यत्नपूर्वक जमा करने की प्रक्रिया के लिए इतिहासकार आख्यान (घटनाक्रम के अनुसार—क्या हुआ था) की मदद ले सकता है। वह आख्यान जुटाए गए तथ्यों पर कितना आधारित है तथा कितना इतिहासकार की कल्पना पर—यह गंभीर प्रक्रियात्मक या प्रविधिगत प्रश्न है।

आधुनिक युग में इतिहास को सामाजिक विज्ञान के रूप में न सही लेकिन स्वतंत्र पाठ्यक्रम के रूप में जरूर स्वीकृति मिली है। यह तथ्यों पर आधारित है न

कि कल्पनाओं पर। फ्रांसिसी विद्रोह से पहले इतिहास-लेखन को साहित्यिक कला माना जाता था। 19वीं सदी के उत्तरार्द्ध तक अधिकतर इतिहासकार खुद को न तो समाजविज्ञानी (यह अवधारणा 19 वीं सदी से पहले थी ही नहीं) मानते थे और न ही मानवशास्त्री। बल्कि वे स्वयं को साहित्यिक व्यक्ति मानते थे। इतिहासकार तब जो कहानियाँ कहते थे वे सच्ची जरूर होती थीं पर उनके कहने का ढंग उपन्यासकार की तरह का था। वे अपनी बात विविधतापूर्ण तरीके से काव्यात्मक शैली में प्रस्तुत करते थे। उसी को अपना इतिश्री भी मानते थे। 19वीं सदी के अंत में जैसे-जैसे इतिहास शैक्षणिक जगत में एक अनुशासन की तरह उभरने लगा या कहें पेशे की तरह जमने लगा, सिद्धहस्त इतिहासकारों की तादाद बढ़ने लगी। और अब इतिहासकार सिर्फ सच को प्रस्तुत करनेवाला नहीं रहा बल्कि मानवविज्ञानियों और समाजशास्त्रियों की तरह वैज्ञानिक पद्धति से अतीत को प्रस्तुत करने वाला विद्वान बन गया। यही वजह रही कि उनके ऊपर से उपन्यासकार (किस्सागो) और नाटककार होने का मुलल्मा छूट गया।

यह सही है कि इतिहासकार और उपन्यासकार के बीच समानताओं की उपेक्षा नहीं की जा सकती। जैसा कि 'हेडन वाइट' ने अपनी किताब 'टॉपिक्स ऑफ डिस्कोर्स : ऐसेज इन कल्चरल क्रिटिसिज्म' में कहा है कि उपन्यास लिखने वाले का उद्देश्य वैसा ही है जैसा इतिहास लेखक का। दोनों ही सच्चाई की शाब्दिक तस्वीर दिखाना चाहते हैं। उपन्यासकार इस सच्चाई को भावनात्मक अंदाज में पेश कर सकता है जिसकी रूपरेखा मानव अनुभवों के बारे में इतिहासकार द्वारा पेश की गई तस्वीर जैसी ही असली होती है। सच्चाई की शाब्दिक तस्वीर पेश करने के लिए इतिहासकार और उपन्यासकार दोनों ही किस्सागोई का सहारा लेते हैं। इतिहास में स्थायी तौर पर यह सवाल चला आ रहा है कि इसकी प्रक्रिया का संबंध सिर्फ सापेक्ष तथ्यों से है या यह निरपेक्ष व्याख्याओं से जुड़ा हुआ है। सवाल यह है कि इतिहास क्या तथ्यों का जोड़ है या इसमें इन तथ्यों की व्याख्या भी शामिल है। ब्रिटेन के मार्क्सवादी इतिहासकार ई. एच. कार ने अपनी किताब 'व्हाट इज हिस्ट्री' में इस सवाल पर चर्चा की है। उन्होंने लिखा है कि समाज की समकालीन घटनाओं से इतिहासकार का जुड़ाव होता है इसलिए इतिहास-लेखन में उनकी भी महत्त्वपूर्ण भूमिका होती है।

ऐतिहासिक तथ्य तब तक तथ्य ही हैं जब तक इतिहासकार उनको संग्रहित और व्याख्यायित करके हमारे सामने प्रस्तुत नहीं करता है। तथ्य हमेशा इतिहासकार के दिमाग के जरिए सामने आते हैं। इसीलिए इतिहासकार की भूमिका और उसकी सामाजिक हैसियत भी उस स्थिति में महत्त्वपूर्ण हो जाती है जब हम उसके काम से रूबरू होते हैं। कोई भी इतिहासकार, इतिहास को ऐसी काल्पनिक समझ के साथ लिखता है जिससे वह उनकी समझ में आए और उनकी भी जिनके लिए लिख रहा

है। इतिहासकार भी अपने समय और परिस्थितियों के अनुसार ढलता है साथ ही समकालीन यथार्थ उसके लेखन को प्रभावित करता है। दूसरे शब्दों में कहें तो अपने युगबोध से प्रभावित होकर लिखता है। इसी से इतिहास लेखन में व्यक्तिपरकता का सवाल पैदा होता है। सच और झूठ का भी सवाल पैदा होता है। मुश्किल यह है कि सच के तौर पर किसे स्वीकार किया जाए।

इतिहासकार न तो तथ्यों का स्वामी होता है न ही उसे तथ्यों के अधीन होना चाहिए। ई. एच. कार के अनुसार इतिहास और इतिहासकार के बीच तथ्यों के आपसी संवाद की प्रक्रिया के संबंध होते हैं। दूसरे शब्दों में यह अतीत और वर्तमान के बीच निर्बाध संवाद है। इतिहास की किसी घटना को प्रसंग से काटकर एकांगी अध्ययन नहीं किया जा सकता है। बल्कि यह अंतःसंबंधों की समग्र प्रक्रिया है। लिहाजा इतिहासकार अतीत का कोई हिस्सा चुनता है फिर जो घटित हो चुका है उससे जोड़ता है। फिर उसके बाद घटित क्रम को जोड़ता है या सूत्रबद्ध करता है। इस तरह अतीत का वह 'हिस्सा' या क्षेत्र व्यापक संदर्भों में रखा जाता है। दरअसल इतिहास तो इतिहासकार की ऐसी कृति है जिसे अपने इर्द-गिर्द की दुनिया से जोड़कर वह उसमें अपने विचार और धारणाएँ भी पिरोता है। इन सापेक्षिक व्यक्तिपरक गतिविधियों को खारिज करने के बजाय उन्हें इतिहास में आत्मसात करना ही श्रेयस्कर है।

व्यक्तिनिष्ठता/विषयनिष्ठता की तुलना में प्राकृतिक जगत का अध्ययन

मानविकी, घटनाओं के कार्य-कारण की खोज से बँधी हुई नहीं है। प्राकृतिक जगत की सच्चाई के वैज्ञानिक तरीकों से भी मानविकी का संबंध नहीं है। इसके बजाय मानविकी, मानव जगत और इसके संस्थानों की सार्थकता, रुझानों और मूल्यों पर आधारित व्याख्याओं से संबद्ध है। लिहाजा मानविकी और प्राकृतिक विज्ञान या सामाजिक विज्ञान में बुनियादी अंतर यह है कि उनको सिर्फ उनकी विषयवस्तु से ही नहीं बल्कि विषयवस्तु के प्रति उनके नजरिए से भी समझा जाना चाहिए।

मानविकी में जोर सामाजिक या प्राकृतिक विज्ञानों की तरह सार्वभौम नियमों और व्याख्याओं के शोधन पर नहीं बल्कि अर्थ की विशिष्टताओं और उसके विकास पर होता है। मानविकी मनुष्यों की रचनात्मक कल्पनाशीलता से सराबोर है और वह मूल्यावधारण विकसित करने का प्रयास करती है। मानविकी में किसी अंतिम ज्ञान के शोधन का लक्ष्य नहीं होता। सैद्धांतिक रूप में यह असंभव भी है। दरअसल मानविकी लेखक के जीवंत अनुभवों पर आधारित होती है।

मानविकी कर्त्ता और कर्म से संबंधित है। मानविकी में सिर्फ जीवन के अनुभवों को ही दर्ज नहीं किया जाता बल्कि स्वयं के आत्म का भी प्रतिबिम्बन होता है। उसमें इंसान के जीवन के अनुभवों के गहन चिंतन के साथ ही उसकी प्रक्रिया की भी

व्याख्या की जाती है। मानविकी का केंद्र बिन्दु यह है कि अपने अनुभवों के प्रतिबिम्बन से पारस्परिक चेतना का विकास किया जाए। मानविकी मानवीय संबंधों को व्याख्यायित करती है और इस बुनियादी सवाल को सामने रखती है कि मानवता का मतलब क्या है?

एच डी गाडामर और विल्हेम डिल्थे ने मानविकी प्रविधियों को समृद्ध करने और प्राकृतिक विज्ञान से उसके अंतर की पुनर्परीक्षा की कोशिश की है। उन्होंने इसके लिए काल्पनिक वर्णन की अवधारणा को प्रस्तुत किया है। मानविकी के समकालीन विद्वानों ने अपने विषय को सामाजिक विज्ञान के करीब लाने की संभावनाओं की तलाशी की और बाद में अपनी दुनिया के अनुभवों से हटकर उसे आगे ले जाने की कोशिश की।

हमें यह मानना होगा कि हमारे समाज से संबंधित ज्ञान लगभग हमेशा ही मूल्याधारित निर्णयों से प्रभावित रहे हैं। इसी वजह से सामाजिक विज्ञान के अधिकतर पाठ सामाजिक मान्यताओं की व्यापक प्रणालियों और सामाजिक हितों के खांचे की परिधि में ही लिखे गए हैं।

इसके विपरीत साहित्य रचना भले ही मूल्य निर्णय की भावना से निर्देशित न हो मगर बहुमूल्य लेखन होते हैं। साहित्य को मूल्यों से वंचित करने की कोशिश का अर्थ है उस विधा को मिटा देना। साहित्यिक कार्यों में मूल्यों और अभिरुचियों के प्रश्न पर ऐतिहासिक रूप से बहसें होती रही हैं।

दुनिया के ज्ञान के संदर्भ में मूल्य और साहित्य का सवाल इस बात के इर्द-गिर्द मँडरा रहा है कि क्या इन मूल्यों को स्पष्ट किया जा सकता है? इस चिंता पर प्लेटो के समय से ही बहसें हो रही हैं। आज के आधुनिक दौर में भी हो रही हैं। प्लेटो ने प्राचीन यूनानी शास्त्र की मदद से यह स्थापित किया कि नई मूल्य प्रथाओं और विश्व के प्रति विशिष्ट नजरिए को साहित्य ने प्रवर्तित किया है। उन्होंने साहित्य को वास्तविक विश्व का कलात्मक प्रतिनिधित्व मानने से इंकार कर दिया। उनका मानना था कि लेखक ने अपनी कल्पना के अनुरूप चीजों को प्रस्तुत कर दिया है। वह उन वस्तुओं का अनुकरण है जो खुद ही प्रामाणिक नहीं हैं। प्लेटो चाहते थे कि काल्पनिक कथानक या आख्यान भी वास्तविकता या सच्चाई पर आधारित हों। वह यह भी चाहते थे कि तथ्य और मूल्यों में तार्किक अंतर न हो। मोटे तौर पर देखें तो प्लेटो के ज्ञान का यह नमूना तब मूलतः वैज्ञानिकता पर आधारित था।

प्लेटो के इस यथार्थवादी आग्रह को उनके अनुयायी अरस्तू ने खारिज कर दिया। सच और झूठ पर बहस के दौरान अरस्तू ने साहित्य को राजनीति और नैतिक मूल्यों से अलग क्षेत्र बता दिया। इसके पीछे उनके अपने मानक और तर्क थे। उन्होंने कहा ऐतिहासिक सामग्री के विपरीत साहित्यिक सामग्री काल्पनिक होती है और उसे सच और झूठ की कसौटी पर नहीं कसा जा सकता है। उन्होंने साहित्य को

तार्किक और सामाजिक-राजनीतिक यथार्थ से पृथक करते हुए उसमें सौंदर्य के महत्त्व पर जोर दिया।

बाद में 18वीं सदी के उत्तरार्द्ध और 19वीं सदी के शुरुआत में रोमांटिक काल में साहित्य को बुनियादी तौर पर लेखक के इर्द-गिर्द की दुनिया की सौंदर्यवादी कल्पना की अभिव्यक्ति के तौर पर देखा गया।

ब्रिटेन के दार्शनिक डेविड ह्यूम की राय में यथार्थ और मूल्याधारित निर्णयों की व्याख्या के दौरान दोनों के बीच तार्किक अंतर होना चाहिए। किसी साहित्यिक लेखन का महत्त्व उसकी आनंद प्रदान करने की क्षमता के अनुसार निर्धारित होना चाहिए। साथ ही उसका मूल्यांकन उसकी प्रकृति के अनुसार किया जाना चाहिए। यह वस्तुनिष्ठ नहीं व्यक्तिनिष्ठ मसला है। किसी भौतिक वस्तु के प्रयोग का प्रधान मूल्यांकन अनुभववाद के आधार पर हो सकता है लेकिन उसी के समान साहित्यिक मूल्यों के महत्त्व को आँका नहीं जा सकता है।

मूल्यावधारण की समस्या साहित्य में इतनी जटिल है कि 20वीं सदी की साहित्यिक समीक्षाओं में इस विषय को छेड़ने में हिचक होने लगी थी। ज्ञान के समकालीन जगत में जब विज्ञान रूढ़िवादिता से उबर गया है, मानविकी में सौंदर्य और साहित्य के अनोखे और विशिष्ट गुणों पर ध्यान दिया जाने लगा है। ऐसा साहित्यिक प्रतिनिधित्व तार्किक अनुभवों, मानवीय भावनाओं, प्रगतिशीलता और मानवीय संवेदनात्मक सौंदर्यबोध के परिणाम स्वरूप है। व्यक्तिनिष्ठता में वस्तुनिष्ठता की तलाश मानविकी और सामाजिक विज्ञान की एक लंबी प्रक्रिया के हिस्से हैं।

व्यक्तिनिष्ठ जगत में वस्तुनिष्ठता की तलाश : आरंभिक प्रयास

ऑगस्ट डी कौम्टे को समाजशास्त्र का जनक माना जाता है। उन्होंने प्रत्यक्षवाद के विचार को प्रतिपादित किया। साथ ही लोगों से सामाजिक दर्शन को सामाजिक विज्ञान में बदलने की वकालत की। उन्होंने आध्यात्मिक पराभौतिकता से ज्ञान को अलग करके प्रत्यक्षवादी नजरिया अपनाने और सामाजिक विज्ञान के अध्ययन में प्राकृतिक विज्ञान की पद्धतियाँ अपनाने की सिफारिश की थी। उनके अनुसार प्रत्यक्षवाद के लिए प्रगति और नैतिकता की जरूरत है। उन्होंने सामाजिक अध्ययन के लिए ऐंद्रिक अनुभवों और उनके द्वारा प्राप्त आंकड़ों के विश्लेषण पर जोर दिया। उन्होंने कहा कि सामाजिक प्रत्यक्ष घटनाओं संबंधी ज्ञान को धर्मशास्त्र के शिकंजे से मुक्त किया जाना चाहिए। उनके विचार में धर्मशास्त्रों में दुनिया की भौतिकवादी ज्ञान के बारे में कम जानकारी होती है।

एमाइल दुर्खिम–सामाजिक तथ्य

तथ्य जुटाने की प्रत्यक्षवादी पद्धति को एमाइल दुर्खिम ने आगे बढ़ाया।

फ्रांसीसी समाजशास्त्री एमाइल दुर्खिम (1850-1917 ई.) ने समाजशास्त्र को वैज्ञानिक विधा के तौर पर उभारने में मदद की। शुरू में उन्होंने महसूस किया कि समाजशास्त्र का सामाजिक घटनाओं से भी कार्य-कारण संबंध होना चाहिए। समाजशास्त्र में सभी कुछ या जो कुछ भी का अध्ययन नहीं किया जाना चाहिए। बल्कि इसकी विषयवस्तु चुनिंदा सामाजिक घटनाएँ होनी चाहिए। उसी को उन्होंने तथ्य भी माना। साथ ही समाजशास्त्र का काम सामाजिक तथ्यों के कारण को निर्धारित करना माना। इसी वजह से सामाजिक घटनाओं के कार्य-कारण संबंध के नियम की स्थापना हो पायी।

प्रत्यक्षवाद से आगे

प्रत्यक्षवाद की भावना के हिसाब से सामाजिक घटनाएँ प्राकृतिक तथ्य हैं और प्राकृतिक नियमों के विषय हैं। कौम्टे की यह अवधारणा समाजशास्त्रियों के बीच धीरे-धीरे धूमिल पड़ने लगी क्योंकि व्यक्तिनिष्ठता की विचारधारा उन्हें प्रभावित करने लगी थी। इस विधा की वैज्ञानिक शुरुआत के बाद ही कुछ पद्धतिमूलक प्रश्न उठने लगे। लिहाजा सामाजिक विज्ञान को प्राकृतिक विज्ञान का विस्तार मानने का पुरातनपंथी विचार संदेहास्पद हो गया।

प्राकृतिक विज्ञान की पद्धतियों को जब मानवीय व्यवहार के अध्ययन में इस्तेमाल किया गया तो कई बुनियादी सवाल खड़े हो गए। सबसे बड़ा सवाल यह था कि क्या सामाजिक विज्ञान की विषयवस्तु प्राकृतिक विज्ञान के समान ही है? मानव आचरण के ज्ञान से संबंधित सवाल जो हमेशा साधन और साध्य के साँचे में आँके जाते थे उनके बारे में यह समस्या खड़ी हो गई कि क्या ऐसा मानव व्यवहार और आचरण सकारात्मक तथ्य संकलन की परिधि में आते हैं? सीधे कहें तो क्या हम अपने चारों ओर व्याप्त जगत के समान ही अपनी निजी दुनिया से भी इसी तरह पेश आ सकते हैं जैसे मानव समाज? कौन सी ऐसी भिन्नता है, जिसकी वजह से प्राकृतिक और सामाजिक दुनिया अलग-अलग धड़ों में बँट गई है?

क्या यह सच नहीं है कि प्राकृतिक और भौतिक वस्तुओं के विपरीत मनुष्यों में आपस में चिह्नों और संकेतों से आपसी मेल-जोल की विशिष्ट क्षमता है? इससे स्पष्ट है कि मानवीय व्यवहार को प्राकृतिक और भौतिक जगत के कारकों के समान मानने और आँकने का यह असभ्य तरीका है। मनुष्य में मूल्य और प्रेरणा अंतर्निहित हैं। इसी वजह से वह अपने आपको दूसरों की तरफ और दुनिया की तरफ ले जाता है। यह मूल्याधारित रुझान और आपसी व्यवहार ही है जिससे मानव समाज का जन्म हुआ है। लिहाजा मूल्यों और प्रेरणा के इस महत्त्वपूर्ण आयाम को समझे बिना सामाजिक विज्ञान कैसे आगे बढ़ सकता है? ऐसे में समस्या यह आती है कि सामाजिक जीवन के व्यक्तिनिष्ठ आयामों का अध्ययन वस्तुनिष्ठ तरीके से कैसे हो?

इसके साथ ही यह सवाल भी नत्थी है कि क्या सामाजिक विज्ञान में वस्तुनिष्ठता जरूरी है? सामाजिक विज्ञान के क्षेत्र में यह दो सवाल वर्षों से बहस के विषय हैं।

इस मसले के हल में सबसे सशक्त योगदान जर्मन समाजशास्त्री मैक्स वेबर (1864-1920 ई.) का है। सामाजिक विज्ञान में वस्तुनिष्ठता से संबंधित ज्यादातर बहसें मैक्स वेबर के हस्तक्षेप के तरीके से संबंधित हैं। उन्होंने मूल्याधारित पूर्वाग्रहों को मूल्यों की व्याख्या से अलग करने का नाजुक काम किया। उन्होंने कहा कि सामाजिक विज्ञान को बिना किसी पूर्वाग्रहों के मूल्यों का अध्ययन और व्याख्या करना चाहिए।

मैक्स वेबर का हस्तक्षेप

समाज का निर्माण मानवीय संबंधों का परिणाम है। समाज में हरेक मनुष्य की अपनी भूमिका है। उसका हर कदम मूल्य और अर्थ सम्मत है। ऐसे व्यक्तिपरक विन्यास के लिए मनुष्य एक-दूसरे के अनुरूप स्वयं को ढालता है। यहाँ ऐसे आदान-प्रदान के साधन और साध्य, दोनों ही व्यवहार, मूल्यों, प्रेरणाओं और रुचियों से संचालित होते हैं। प्राकृतिक विज्ञान से एकदम भिन्न सामाजिक विज्ञान में सामाजिक विषयों के अध्ययन होते हैं। मनुष्य सांस्कृतिक प्राणी है। इसलिए सामाजिक विज्ञान असल में सांस्कृतिक विज्ञान ही है जिसमें प्राकृतिक नियमों जैसी कानून की इच्छा नहीं करनी चाहिए।

वर्टील्सफ्रेहीट (मूल्यों से स्वतंत्रता)

मूल्यों से आजादी जर्मन वर्टील्सफ्रेहीट में मैक्स वेबर की सामाजिक विज्ञान को अनमोल देन है। उन्होंने सामाजिक विज्ञान को मूल्यों से आजादी और वैज्ञानिक आदर्श की स्थापना के लिए लगातार प्रयास किया। इसीलिए कार्य-कारण परिकल्पना और उसके अनुसार व्याख्याएँ सामाजिक विज्ञानों के लिए परीक्षा सरीखे हैं। लेकिन मूल्याधारित आकलन लोगों के नैतिक, राजनीतिक और सौंदर्यबोध संबंधी पसंद का नतीजा हैं। सामाजिक विज्ञानों का यह दायित्व है कि वह कार्य-कारण व्याख्याओं को मूल्याधारित प्राथमिकताओं से मुक्त रखे। जाहिर है समाजविज्ञानियों को इन दोनों को अलग रखने के लिए प्रयास करने होंगे।

वस्तुनिष्ठता की सीमाएँ

जहाँ तक सामाजिक विज्ञानों में वस्तुनिष्ठता का प्रश्न है—यह उलझी हुई है। क्योंकि यह समाज के अध्ययन की उचित प्रविधि के द्वारा निष्कर्ष तक पहुँचने के प्रश्न से तात्त्विक रूप से जुड़ी है। सामाजिक विज्ञान के अध्ययन की प्रविधि में वस्तुनिष्ठता तथा इसके व्यवहार की सकारात्मक परिभाषा के अलावा इसका स्वरूप

कैसा होना चाहिए—इस दृष्टिकोण से इसे समझा जाता रहा है। इसका आशय यह है कि हमारे व्यक्तिगत पूर्वाग्रहों से निकली वह सापेक्षिक स्वायत्तता जो अपरिहार्य तौर से शोध या रिपोर्ट लेखन से जुड़ी है, वस्तुनिष्ठता को विखंडित करता है। प्रविधिगत प्रसंगों या दशाओं में वस्तुनिष्ठता का अर्थ किसी व्यक्ति के अपने पूर्वाग्रहों, पक्षपात पूर्ण दृष्टिकोणों, विश्वासों तथा मूल्यों का अप्रभावित निरीक्षण से है। दूसरे शब्दों में कहें तो वस्तुतः वस्तुनिष्ठता की समस्याएँ सत्य/यथार्थ को जानने का एक माध्यम है। नए शोध और लेखन बार-बार इस बात की ओर संकेत कर रहे हैं कि वस्तुनिष्ठता संभव नहीं है। एक निष्कर्ष की तुलना में दूसरे निष्कर्ष को वस्तुनिष्ठ जरूर कहा जा सकता है। अन्यथा विचारधारा, विश्वास, मूल्य, पूर्वाग्रह आदि वस्तुनिष्ठता को प्रभावित करते हैं। इससे बच निकलना बहुत मुश्किल काम है।

रुचियों, मूल्यों तथा आस्थाओं का अध्ययन

रुचियों की अवधारणा सांस्कृतिक झुकाव/पसंद और उसकी प्राथमिकताओं से संबंद्ध है। रुचियों की मानवीय अवधारणा का वैज्ञानिक अध्ययन सामाजिक-सांस्कृतिक-राजनीतिक घटना के रूप में किया जाता है। रुचियाँ जीवनशैली, व्यवहार, उपभोग की वस्तुएँ और कला के अंतर को स्पष्ट करती हैं। सामाजिक विज्ञान रुचियों का अध्ययन एक सामाजिक घटना के रूप में करता है। अतः शिक्षित मनुष्य से अपेक्षा की जाती है कि वह समाज में चीजों को सौंदर्यपरक, व्यवस्थित और ठीक ढंग से समझे।

मनुष्य के मानवीय व्यवहारों का निर्धारण उसके वर्गीय स्तर और सामाजिक संबंधों से जुड़ा है। कुछ रुचियाँ और मूल्य दूसरे की तुलना में ज्यादा स्वीकृत, वैधानिक और उचित होते हैं। ये प्रभावशाली रुचियाँ कहलाती हैं। इन विशिष्ट रुचियों का संबंध प्रत्यक्ष और अप्रत्यक्ष रूप से हमारी शिक्षा, पारिवारिक स्तर और वर्गीय जुड़ाव से होता है। भिन्न सामाजिक-आर्थिक वर्गों से जुड़े लोगों की रुचियां भिन्न-भिन्न होती हैं। ऐसा माना जाता है कि रुचियों के संरचनात्मक निर्माण में सामाजिक वर्ग की भूमिका बहुत ही महत्त्वपूर्ण है।

रुचियाँ मूल्यों से संबंधित हैं। मूल्य मानवीय आस्थाओं के समुच्चय हैं जो दूसरों की तुलना में लगभग चीजों, वस्तुओं, विचारों और गतिविधियों/कार्यों को स्वीकृत करते हैं। यह समझना कि मूल्य व्यवस्था का आत्मसातीकरण कैसे होता है अति आवश्यक प्रश्न है। समाज के व्यक्तियों/सदस्यों को मूल्य व्यवस्था की शिक्षा प्रत्यक्ष तौर पर नहीं दी जाती है बल्कि यह समाज के युवाओं की गतिविधियों-कार्यकलापों और उनकी प्रतिभागिता के कारण विकसित होती है। जबकि समाज की वयस्क पीढ़ी सामाजिक मूल्यों की उस शक्ति को प्रदर्शित करती है। जिन्हें वे संयोजित करते हैं

और व्यवहार में जीवित रखते हैं।

सामाजिक स्वीकृति की विचारधारा, पुरस्कार और दण्ड मूल्यों से जुड़े हो सकते हैं। तथापि सामाजिक विकास की सघनता मूल्यों से जुड़ी हुई महत्ता से भी भिन्न हो सकती है। उदाहरण के लिए आधुनिक पश्चिमी समाजों में लैंगिक समानता आत्मगत मूल्य हैं। वैयक्तिक पसंद भी। यहाँ किसी व्यक्ति के साथ लैंगिक पूर्वाग्रहों से उठकर व्यवहार किया जाता है। लेकिन जहाँ तक एशियाई समाजों का संबंध है पश्चिम समाजों की तुलना में यहाँ पितृसत्ता को प्रभावी तरीके से महत्त्व दिया गया है। यहाँ पितृसत्ता गहराई में धँसी है। हिन्दुस्तानी समाज में स्त्रियों के साथ मारपीट, गाली-गलौज साधारण बात है। जिस हद तक यहाँ 'वूमेन एब्यूज' होता है या सामाजिक-सांस्कृतिक स्तर पर धकियाकर रखा जाता है पश्चिमी समाज में यह संभव नहीं है। तकरीबन यही बात दलितों के संदर्भ में कही जा सकती है। जैसे दलितों के प्रति हीन भावना हमारे समाज में व्याप्त है अमेरिकी और अन्य पश्चिमी समाजों में नीग्रो के प्रति रही है। अंतर यह है कि वहाँ यह भाव तेजी से समाप्त हो रहे हैं/हुए हैं यहाँ अब भी उसकी गति धीमी है। क्योंकि यहाँ वर्णव्यवस्था-जातिव्यवस्था को एक मूल्य के तौर पर पेश किया गया है। उसे अब भी बचाए रखने की कवायद प्रत्यक्ष-अप्रत्यक्ष रूप से चलती रहती है।

मूल्यों का विनिमय एक समाज या व्यक्ति समूहों के बीच होता है। जो समाज के सदस्यों या समूहों को इस बात में मदद करते हैं कि चीजें, स्थितियाँ, दशाएँ और विचारों की महत्ता कितनी न्यायोचित और निर्णायक हैं। प्रायः समाज जिस तरह से व्यक्ति को पुरस्कृत करता है या उसकी स्थितियों/दशाओं की प्रशंसा करता है, इससे पता चलता है कि समाज में मूल्यों का महत्त्वपूर्ण स्थान है। उन्हीं मूल्यों को आमतौर पर सामाजिक व्यवहार में लाया जाता है। उदाहरण के लिए भारत में, सफेदपोश नौकरियों को ज्यादा महत्त्व प्राप्त है और उन्हें ही प्राथमिकता दी जाती है जबकि कठोर शारीरिक श्रम को उसकी तुलना में कम। क्योंकि यह मूल्य हिन्दू समाज की वर्चस्ववादी वर्णव्यवस्था और जातिव्यवस्था से जुड़े हैं। यहाँ तक कि शोरूम में जूते बेचने का काम एक ब्राह्मण और दलित दोनों कर सकते हैं लेकिन जूते गाँठने का काम सिर्फ दलित (उसमें भी जाति विशेष का व्यक्ति) करेगा। या कहें करता है। समाज में फैली सामंती मानसिकता और डर भी मूल्यों को निर्धारित करते हैं। मसलन एक साधारण सिपाही को बैठने के लिए लोग कुर्सी आगे बढ़ा देते हैं लेकिन एक शिक्षक की तरफ ध्यान नहीं देते हैं।

सामाजिक दशाओं में 'मापदण्ड' वे विशिष्ट मानव व्यवहार हैं जिनका व्यावहारिक चलन प्रभावी है। नैतिक मूल्य उन आस्थाओं के समुच्चय हैं जिनके माध्यम से समाज में व्यक्ति के द्वारा नैतिक विचारों को विकसित किया जाता है। यह आस्था का तंत्र नैतिक कार्यों के लिए सामान्यीकृत (नियमावली) निर्देश देते हैं

या सरणि बनाते हैं तथा अच्छे और बुरे का बोध कराते हैं। यह आस्था का तंत्र समाज के विभिन्न स्रोतों से उद्धरित होते हैं लेकिन व्यापक पैमाने पर देखें तो समाज के विशिष्ट प्रभावी धार्मिक तंत्र लोगों के आस्था तंत्र को स्थापित करने में महत्त्वपूर्ण भूमिका निभाते हैं। दूसरे शब्दों में कहें तो धार्मिक तंत्र आम लोगों की चेतना को प्रभावित करता है। प्रचलित आस्था के तंत्र में लोगों की लगातार रुचियाँ 'परंपरागत' समाज को कैसे बदलेंगी? यह मुश्किल सवाल है। कमोबेश भारत में इसी वजह से परंपरा और आधुनिकता अगल-बगल चलते रहते हैं। हम अपने व्यक्तिगत और सामाजिक जीवन के विभिन्न पहलुओं/घटनाओं की रक्षा कैसे करेंगे तब जबकि आस्था के तंत्र हमारे जीवन को संगठित करने में निर्णायक भूमिका निभाते हैं—यह महत्त्वपूर्ण सवाल है।

विचारधारा का प्रश्न

हम प्रायः लोगों को एक निश्चित विचारधारा या दूसरी विचारधाराओं या आस्थाओं का अनुसरण करते सुनते या देखते हैं। विचारधारा को सामाजिक विज्ञान में बड़े पैमाने पर एक सामाजिक परिघटना के तौर पर व्याख्यायित करते हैं। सामान्यः भाषा में कहें तो विचारों के समुच्चय या पुंज को विचारधारा कहते हैं। यह व्यक्ति के विचारों एवं कार्यों को अपने सहायक कारकों के माध्यम से एक सैद्धांतिक एवं व्यावहारिक ढाँचा मुहैया कराते हैं। सामाजिक विज्ञान में वस्तुनिष्ठता की खोज को मूल्य-निर्णय और गूढ़ार्थ उसे समस्यामूलक बनाते हैं। ऐसी स्थिति में विचारधाराओं के प्रश्न का महत्त्व और भी बढ़ जाता है।

फ्रांसिसी तर्कवादी दार्शनिक देस्टॉट डी ट्रेसी ने 18वीं सदी के उत्तरार्द्ध में तत्त्ववादी मीमांसा का विरोध करते हुए 'विचारधारा' शब्द की खोज की। उनकी दृष्टि में इसका अर्थ 'विचारों के विज्ञान' से है। कार्ल मार्क्स और फ्रे. एंगेल्स की पुस्तक 'द जर्मन आइडियालॉजी' (1840 ई.) में यह पद नकारात्मक अर्थों में प्रयुक्त हुआ है। मार्क्सवादी सिद्धांत ने इस टर्म को समाज में वस्तुतः भौतिक दशाओं के चमत्कारिक या फिर तथ्यों को छिपाने के अर्थ में प्रतिपादित किया है। इसे ही 'फॉल्स-कांशसनेस' या 'मिथ्या चेतना' कहा है। सैद्धांतिक स्तर पर यह प्रमाणित किया गया है कि शासन की समस्त नियमावली उसी तरह की है जैसे समाज में प्रभुत्वशाली संबंधों की अधिरचनात्मक अभिव्यक्ति से है। इसका तात्पर्य यह है कि शासन पद्धति की विचारधारा का सीधा संबंध शासक वर्ग की विशेष विचारधारा से है।

लूई अल्थूसर अपने लेख 'आइडियालॉजी एंड आइडियोलॉजिकल स्टेट अपरेटस' (1969 ई.) में विचारधारा के मार्क्सवादी सिद्धांत को आगे बढ़ाते हुए इस बात पर जोर देते हैं कि 'विचारधारा सापेक्षिक रूप से स्वायत्त' होती है। दूसरे शब्दों में,

विचारधारा यथार्थ का खंडित प्रतिनिधित्व नहीं करती। बल्कि जहाँ भी शासक वर्ग द्वारा शासित वर्ग का उत्पीड़न किया जाता है विचारधारा भौतिक दशाओं/स्थितियों को प्रभावित करके एक सक्रिय और सामाजिक सृजन में सम्मिलित होकर महत्त्वपूर्ण भूमिका निभाती है। बाद के दार्शनिकों और विचारकों ने अल्थूसर द्वारा निर्मित सैद्धांतिकी में जोड़ते हुए कहा कि सभी विचारधाराएँ अखंड नहीं हैं। कुछ विचारधाराएँ लोगों को उनकी विचारधारा विशेष के अनुसार विभिन्न स्थितियों में ढाल देती हैं। फ्रेडरिक जेमेसन (द पॉलिटिकल अनकांशस में) इस बात की वकालत करते हैं कि साहित्यिक विधाएँ सामाजिक सृज़न के साथ जुड़ी हैं (पाठ का वर्गीकरण उसकी गुणवत्ता के आधार पर किया जाता है) इसलिए उन साहित्यिक पाठों का विश्लेषण सौंदर्यशास्त्रीय मूल्य और विचारधारात्मक प्रकार्य समापन के विशेष संबंधों के बीच किया जाना चाहिए।

मार्क्सवादी साहित्यिक आलोचक अपनी पुस्तक 'आइडियोलॉजी : एन इंट्रोडक्शन' में टेरी ईगलटन मीडिया सिद्धांतकार जॉन बी. थॉम्पसन को उद्धरित करते हुए लिखते हैं—'विचारधारा उन तरीकों का अध्ययन करती है जिसमें अर्थ अपने प्रभुत्वशाली संबंधों में जीवित रहते हैं। इस तरह की व्यापक परिभाषा सामाजिक रूप से प्रभुत्वशाली वर्ग की सक्रिय सत्ता को क्रियात्मक वैधानिकता प्रदान करती है। ईगलटन विचारधारा की समझ को बड़े ही सरल तरीके से आलोचना का विषय बनाते हैं परन्तु विचारधारा के प्रति विश्वास भी व्यक्त करते हैं।

समाजवादी, अतिवादी, स्त्रीवादी विचारधारा का दृष्टांत देते हुए टेरी ईगलटन विचारधारा और प्रभुत्वशाली वर्ग के बीच संबंधों की अनिवार्यता पर प्रश्न चिह्न लगाते हैं। इन स्थितियों में मुक्ति की सभी विचारधाराएँ भ्रम, रहस्य और मिथ्या चेतना के घेरे में समा जाती हैं। इसीलिए ईगलटन विचारधारा की समावेशी परिभाषा को प्रतिपादित करते हैं। इस तरह की वैचारिक समझ राजनीतिक सत्ता और आस्थामूलक व्यवस्था के बीच के विभाजित करने वाले तरीके को समेट लेती है। इस तरह की निष्पक्ष स्थिति इतनी न्यायोचित नहीं होगी कि विचारधारा और राजनीतिक सत्ता के सम्मिलन को वैधानिकता दी जा रही है या वर्तमान सामाजिक व्यवस्था में अंतर्विरोध पैदा कर रही है। अतः विचारधारा महज एक आस्थामूलक शासन व्यवस्था नहीं है बल्कि उससे महत्त्वपूर्ण है।

अध्याय दो

भाषा, संस्कृति और पहचान

अध्याय की रूपरेखा

- भाषा में माध्यम का सवाल
- यथार्थ की सामाजिक रचना
- इतिहास में भाषा
- वर्ग, जाति, नस्ल और लिंग संबंधी भाषा
- उपनिवेशवाद और भाषा

मानव सभ्यता के आरंभ से ही अस्मिता या पहचान के उद्भव में भाषा की शायद सर्वाधिक महत्त्वपूर्ण भूमिका रही है। चाहे यह पहचान वैयक्तिक, सामुदायिक, नस्लीय या राष्ट्रीय हो। भाषा और संप्रेषण की संस्कृति, दैनिक जीवन, राजनीति और मानवीयता के सभी पहलुओं के विकास में समकालीन दर्शन और सांस्कृतिक सिद्धांत (1960 के दशक के बाद से) की महत्त्वपूर्ण भूमिका है। किसी व्यक्ति की वैश्विक दृष्टि के निर्माण में भाषा ही माध्यम बनती है। वह अपनी उस दृष्टि को लोगों में बाँटता है अथवा दूसरों की अन्य दृष्टियों को स्वीकृत या अस्वीकृत करता है। और अंततः उसी से वह पहचान बनाता है जिसे दूसरे स्वीकृत या अस्वीकृत करते हैं।

भाषा, संस्कृति और व्यक्तिनिष्ठता/विषयनिष्ठता में संबंध

भाषा संप्रेषण का माध्यम है। यह दृश्य (लिखित, मुद्रित और सिनेमा) मौखिक (संगीत, भाषण), सांकेतिक (हाथ के इशारे) या इन सबका संयुक्त रूप हो सकती है। भाषा हमारे लिए अर्थों का समुच्चय रचती है, जिसे हम दुनिया के साथ बाँट सकते हैं।

भाषा और संस्कृति

भाषा यथार्थ का दर्पण नहीं है। लेकिन यह हमारे लिए यथार्थ को निर्मित करती है। यह हमारी पहचान बनाती है। इसे समझने के लिए हमें भाषा की आधुनिक निर्मितियों की खोज करनी पड़ेगी।

1. भाषा भिन्नताओं पर आधारित सामाजिक व्यवस्था है। उदाहरण के लिए अंग्रेजी के शब्द 'कैट' (बिल्ली) का हमारे लिए तभी मतलब है जब यह 'बैट' या 'हैट' या 'फैट' की तरह की ध्वनि नहीं है। 'कैट' निश्चित तौर पर 'बैट' नहीं है।

2. शब्दों का पदार्थ से संबंध यादृच्छिक होता है। दूसरे शब्दों में, बिल्ली शब्द का संबंध बिल्ली पशु से कुछ इस तरह का है कि अंग्रेजी प्रयोगकर्ता भिन्न-भिन्न प्रयोगों और उसके प्रति अपनी समझ से विकसित करते हैं। जबकि तकनीकी तौर पर देखा जाए तो 'कैट' शब्द और पशु आपस में असंबद्ध हैं।

भाषा अपनी संरचना खुद स्थापित करती है (उदाहरण के तौर पर 'कैट' और 'हैट' शब्द में भिन्नता की स्थापना)। यह अपने निजी संदर्भों में उन ध्वनियों और शब्दों से तय होता है जो उपयोग में प्रचलित हो रहे हैं। भाषा के उपयोगकर्ता के रूप में हमें उन भिन्नताओं में अंतर करना सीखना होगा जिनसे अर्थ की उत्पत्ति होती है। इसका अर्थ क्या है : हर शब्द का अर्थ दूसरे शब्द के अर्थ पर निर्भर करता है। वस्तुतः सभी भाषाएँ अपनी संरचना में शब्दों और ध्वनियों की भिन्नता के आधार पर रची जाती हैं। किसी शब्द के अर्थ सामाजिक प्रयोग और लोकमत अर्थात संस्कृति में अवस्थित होते हैं। उदाहरण के लिए—

- एस्कीमो के यहाँ बर्फ के लिए सात समानार्थी शब्द इसलिए हैं क्योंकि बर्फ उनके जीवन का अपरिहार्य हिस्सा है।
- यातायात सिग्नल के नियम पूरी दुनिया में सर्वस्वीकृत हैं।
- हम सभी माइक्रोसोफ्ट वर्ड टूल बॉक्स में बने चिह्नों को पहचानते या स्वीकार करते हैं। इसलिए किसी भी शब्द के अर्थ की जड़ें उस समाज में धँसी होती हैं। समाज समय के साथ जिस रूप में इस्तेमाल करता है उसी से उसकी व्याख्या भी तय होती है। इसीलिए 'कैट' शब्द का हमारे लिए निश्चित अर्थ है क्योंकि दुनिया भर में यह शब्द एक जंतु विशेष के लिए इस्तेमाल किया जाता है। इस तरह किसी शब्द का अर्थ उसके नियमित और लगातार प्रयोग पर निर्भर करता है। शब्दों की पुनरावृत्ति ही भाषा और पहचान की केंद्रीयता है।

इस तरह शब्दों के अर्थ उनमें अवस्थित न होकर

1. शब्दों के आपसी संबंध में होते हैं
2. उनके प्रयोग के सांस्कृतिक संदर्भ में और
3. लगातार खास तरीके या एक ही तरीके के प्रयोग में होते हैं।

अर्थ भाषा की साझेदारी है, जहाँ प्रयोगकर्ता शब्दों और ध्वनियों के इस्तेमाल

से अर्थ को उत्पन्न और विकसित करते हैं। शब्दों का अपने आप में कोई अर्थ नहीं होता है। इन्हें सन्दर्भ विशेष में प्रयोग कर स्थापित किया जाता है। उदाहरण के लिए 'जनेऊ' शब्द को लें। परंपरागत रूप से धागे से बनी हुई ऐसी माला जिसे ब्राह्मणों के द्वारा धारण किया जाता है। लेकिन जैसे ही यह किसी दलित के द्वारा धारण किया जाता है, यह परंपरा के विरोध में अर्थ की उत्पत्ति करने लगता है। सत्ता के सारे समीकरण बदल देता है। पावर डिस्कोर्स के बदले हुए चिह्नों में प्रवेश कर जाता है। यहाँ तक कि हमें बचपन में सिखाया जाता है 'कसम मत खाओ' लेकिन कोर्ट में बयान के पहले हमें कसमें खानी पड़ती है। यहाँ कसम खाने के अर्थ विशेष क्रियात्मक स्थितियों और संदर्भों के कारण बदल गए हैं।

औपनिवेशिक दौर में (जिसे हम बाद के खंड में देखेंगे) स्थानीय संस्कृति को दोयम दर्जे की स्थिति में धकेला गया या कहें साबित किया गया। ऐसा अंग्रेजी भाषा के वर्चस्व को थोपने के कारण हुआ। अंग्रेजी भाषा का मतलब स्थानीय पहचान या अस्मिता को मिटाना और यूरोपीय संस्कृति को जबरन थोपना था।

विषयनिष्ठता या व्यक्तिनिष्ठता

विषयनिष्ठता को किसी व्यक्ति की विश्व के रूप में धारणा के तौर पर परिभाषित किया जा सकता है। या दूसरे शब्दों में, किसी भी व्यक्ति की वैश्विक समझ विषयनिष्ठता है। इसमें किसी व्यक्ति की भावनाएँ और आस्थाओं के समुच्चय शामिल हैं। विषयनिष्ठता का निर्धारण किसी व्यक्ति की वैयक्तिक पसंद, उसकी आस्थाएँ, रुचियाँ, भावनात्मक जरूरतें तथा निजी इच्छाओं पर निर्भर होता है।

समकालीन संस्कृति और सामाजिक सिद्धांत में विषयनिष्ठता का प्रयोग किसी व्यक्ति की निजता के संदर्भ में किया जाता है। एक व्यक्ति सत्ता संबंधों के जाल/समीकरण में घिरा होता है। उसकी अवस्था उसकी आस्थाओं और भावनाओं की दिशा तय करती है। अतः एक व्यक्ति इन संबंधों के सापेक्ष ही परिभाषित हो सकता है। समकालीन समाज और सांस्कृतिक सिद्धांतों में व्यक्ति सत्ता के संबंधों के अधीन होता है, जब दूसरे के सापेक्ष में निर्धारित होता है। या तो वह दूसरे द्वारा शोषित होता है या दूसरों का शोषण करता है। इस संदर्भ में हम उदाहरण के तौर पर 'वर्ग' (वादी) की अवधारणा को ले सकते हैं। साथ ही हमें यह भी समझना होगा कि मार्क्सवादी विषयनिष्ठता को कैसे परिभाषित करते हैं?

व्यक्तियों की जड़ें 'वर्ग संबंधों' और सामाजिक ढांचे के अंदर अवस्थित होती हैं। उसकी आस्थाएँ और बोध उन स्थितियों से प्रभावित होते हैं जहाँ वे दूसरों के गुलाम/दास होते हैं और उनके द्वारा उत्पीड़ित होते हैं। या दूसरों को गुलाम बनाते हैं। उत्पीड़ित करते हैं। अतः उनकी विषयनिष्ठता उनकी सामाजिक परिस्थितियों के परिणाम हैं जहाँ उनकी अपनी पहचान दूसरों के सापेक्ष तय होती है।

भाषा, संस्कृति और व्यक्तिनिष्ठता/विषयनिष्ठता

भाषा की वजह से अस्मिताओं का निर्माण संभव है। स्विस भाषाविद फर्डीनांद डी सासूर का तर्क है कि भाषा के दो अवयव हैं—भाषा के नियम (लांग) और अभिव्यक्ति एवं बातचीत का वास्तविक तरीका (पेराल)। पेरोल (व्यक्ति-बोली) को भाषा का मानवीय अंग कहा जाता है। इसका अर्थ है कि शब्दों का इस्तेमाल और भाषा के विकल्प का अतिप्रसार एक हद तक व्यक्ति के और विशेष तौर पर उसके सामाजिक और सांस्कृतिक संबंधों पर निर्भर करता है। यदि किसी भी चीज की व्याख्या विभिन्न तरीके से करने का विकल्प वक्ता को दिया जाए तो वह अपनी रुची से दो में से एक विकल्प का चुनाव करेगा। भाषा का यह चुनाव उसकी वैयक्तिक सोच पर निर्भर करता है।

भाषा ही स्त्री और पुरुष, काला और सफेद, वृद्ध और युवा को परिभाषित करती है। यहाँ भाषा और संस्कृति के बारे में जो पहले तर्क दिए गए हैं उन्हें आगे बढ़ाकर ही व्यक्तिनिष्ठता को परिभाषित किया जा सकता है। व्यक्तिनिष्ठता और अस्मिता दोनों भिन्नताओं पर आधारित हैं। मैं 'मैं' हूँ क्योंकि मैं पिता, बेटा, मित्र, पड़ोसी नहीं हूँ। मैं दूसरों से अलग हूँ। मेरी यह पहचान या अस्मिता दूसरे से अंतर पर निर्भर है। ऐसी संस्कृति में जहाँ हमारी पहचान या अस्मिताएँ स्थापित होती हैं वहाँ इसे बताने के कई तरीके या उपकरण होते हैं।

हमें दूसरों से अलग करने के लिए नाम दिए गए हैं। असल में हमें दिया गया यह नाम वास्तविकता नहीं है बल्कि यह यादृच्छिक शब्द हैं। लेकिन यही नाम हमें अन्य नामों से अलग करते हैं और हमारी पहचान स्थापित करते हैं। मसलन क, ख, ग किसी व्यक्ति के चरित्र का वर्णन है लेकिन यह क, ख, ग नहीं है। बल्कि वह अ, ब, स से अलग है। सांस्कृतिक संदर्भ में देखें तो यह स्पष्ट है कि क, ख, ग की पहचान अ, ब, स से अलग है। यही सांस्कृतिक संदर्भ दोनों को अलग व्यक्ति के तौर पर पहचान कराते हैं। दूसरे शब्दों में, संस्कृति ही उनके अंतर को स्वीकृति देती है।

संस्कृति की क्रियाशीलता भाषा के माध्यम से संभव होती है। इसीलिए हमारी अस्मिता और व्यक्तिनिष्ठता का निर्माण निम्न प्रविधियों से संभव होता है—

1. यह हमें नाम, पहचान और अर्थवत्ता प्रदान करते है।

2. यह हमारे नामों में अंतर उपस्थित करते हैं। अतः हमारी अस्मिता की अर्थवत्ता को दूसरे से अलग करते हैं।

3. दुनिया के बारे में हमारी धारणा/राय इसी अस्मिता और आत्मपरकता में निहित है जो हमें मिली हुई है।

लेकिन व्यक्तिनिष्ठता या आत्मपरकता की अपनी सीमाएँ हैं। यह संस्कृतियों द्वारा नियंत्रित होते हैं। जैसा कि हमने पहले भी देखा है विषय/व्यक्ति भाषा और

संस्कृति में संदर्भ में अवस्थित हैं। विषय स्थिति या व्यक्ति स्थिति को परिभाषित करने के संस्कृति और तकनीक के कई रूप हैं। (विषय स्थिति या व्यक्ति स्थिति से आशय किसी व्यक्ति की समाज में स्थिति से है जो सामाजिक संरचना के अंतर्गत है। जहाँ उसके वर्ग, लिंग, नस्लीय अस्मिता का निर्धारण सत्ता संरचना में होता है।) समकालीन सांस्कृतिक सिद्धांत कुछ उन्हीं सांस्कृतिक संदर्भों को संबोधित हैं जो समाज में किसी व्यक्ति की व्यक्ति स्थिति/आत्म स्थिति या विषय स्थिति को निर्धारित करते हैं–

- कानून किसी व्यक्ति के साथ नागरिक, पीड़ित, अपराधी और कानून के रखवाला की तरह व्यवहार करता है। ये सब किसी व्यक्ति की परिभाषित व्यक्ति स्थिति/आत्म स्थिति/विषय स्थिति हैं जिसका निर्धारण कानून की संरचनात्मकता/ढांचे के आधार पर हुआ है। इन्हीं के आधार पर हमें पहचान मिलती है। जब हम कोर्ट जाते हैं तो या तो 'वादी' होते हैं या 'प्रतिवादी'। जब हमारा सामना अपराध से होता है तब हम पीड़ित हो जाते हैं।
- चिकित्सा विज्ञान में हमें शारीरिक संरचना या शरीर विज्ञान के आधार पर स्वस्थय या बीमार की कोटि में रखा जाता है। यदि हमें अस्वस्थय बताया जाता है तो हम पर बहुत सी शर्तें लाद दी जाती हैं जिनसे हमारा स्वास्थ्य ठीक हो सके। यहाँ हमारी व्यक्ति स्थिति/विषय स्थिति मरीज की है। अतः दुनिया के बारे में हमारी अनुभूतियाँ इसी से बनती हैं।

इसी तरह किसी स्कूल और कॉलेज में किसी व्यक्ति की व्यक्तिनिष्ठता/विषयनिष्ठता छात्र और बच्चे के रूप में बनती है। फिर अंग्रेजी के छात्र और अर्थशास्त्र के छात्र के रूप में उपवर्गीकृत किया जाता है। व्यक्ति स्थिति/विषय स्थिति का निर्धारण पारिवारिक संदर्भ में देखें तो वहाँ पिता, माता, बच्चे और वृद्ध आदि के रूप में हमारी पहचान की जाती है।

ऐसी स्थिति में किसी व्यक्ति की व्यक्तिनिष्ठता/आत्मपरकता/विषयनिष्ठता उसका निजी सार नहीं है बल्कि यह भाषा, संस्कृति और सामाजिक संबंधों के प्रभाव स्वरूप है। किसी व्यक्ति की अस्मिता और आत्मपरकता/विषयनिष्ठता स्थिर नहीं है बल्कि यह संस्कृति के अधीन बदलते और पुनर्वेशित/नवीकृत किए जाते हैं। उदाहरण के तौर पर, मैं किसी कॉलेज में एक छात्र हूँ, बस में यात्री हूँ, घर में बेटा हूँ, और मैदान में फुटबॉल का खिलाड़ी हूँ, किसी प्रोस्टेट मार्च में प्रतिभागी हूँ। मेरी अस्मिता या पहचान इन सभी पहचानों से मिलकर बनी है। पर इन पहचानों की जड़ें किसी खास संदर्भ में हैं। इसीलिए मैं क्लास में खिलाड़ी नहीं हो सकता, न ही फुटबॉल के मैदान में यात्री हो सकता हूँ। मेरी मैदान या क्लास में पहचान सांस्कृतिक संदर्भों में है। जिससे मेरी विशेष पहचान बनी है। जिन्हें मैंने पूरा और

स्वीकृत किया है। मेरी पहचान चाहे वह फुटबॉल का मैदान हो या बस यात्री के रूप में यह उन्हीं संदर्भों से है।

मेरी इस पहचान के लिए यह जरूरी है कि वह संदर्भ मेरे व्यक्तित्व में हो। किसी संदर्भ में रहने और पहचाने जाने के लिए यह जरूरी है कि मैं उससे लगातार जुड़ा रहूँ और मेरी स्वीकृति बनी रहे। मसलन छात्र के रूप में पहचाने जाने के लिए यह जरूरी है कि मैं निरंतर छात्र रहूँ।

लड़कियों को स्त्रियोचित गुणों के साथ जोड़कर इसलिए देखा जाता है क्योंकि उनका पालन-पोषण उसी तरह से हुआ है। उन्हें उसी विमर्शात्मक स्थिति में रखा गया है। विमर्श वह संदर्भ है जिससे सांस्कृतिक संप्रेषण संभव होता है। अर्थ की उत्पत्ति और व्याख्याएँ की जाती हैं। मसलन, सांस्कृतिक मूल्य बच्चों में स्त्रियोचित और पुरुषोचित विचारधारा को उत्पन्न और विकसित करते हैं। आगे चलकर उन्हें जो भूमिका निभानी है उसका बचपन में ही सीमांकन हो जाता है। लिंग के आधार पर उनकी भूमिकाएँ पहले ही निर्धारित हो जाती हैं। स्त्रियाँ घर सँभालेंगी और पुरुष बाहर का काम करेंगे। अतः अस्मिता या पहचान का सवाल भाषा के लगातार इस्तेमाल और उसके विमर्श के नतीजे हैं। जो लोग इस बनी बनायी संरचनात्मक स्थिति को तोड़ते हैं उनकी भी अलग पहचान या छवि बनती है लेकिन जरूरत इस बात की होती है कि वह लगातार उन संदर्भों में बने रहें। समाज में किसी की पहचान विद्रोही की इसीलिए बनती है कि वह लगातार चीजों के प्रति विद्रोह की स्थिति में होते हैं।

अस्मिता या पहचान कोई सार नहीं है। बल्कि लगातार बदलती विषय स्थितियों के समुच्चय हैं। इससे हमारा अभिप्राय यह है कि 'मैं फुटबॉल खिलाड़ी' इसलिए हूँ क्योंकि मेरी टीम मुझे इस रूप में पहचानती है। 'मैं बेटा हूँ' क्योंकि मेरा परिवार मुझसे इस तरह का व्यवहार करता है। 'मैं छात्र हूँ' क्योंकि मेरा कॉलेज मुझसे इसी रूप में पेश आता है। इस तरह मनुष्य की पहचान या अस्मिताएँ बहुविध/बहुरंगी हैं और लगातार परिवर्तनशील भी।

हमारी अस्मिताएँ लिंग, वर्ग, जाति, उम्र, धर्म, नृजातीयता, राष्ट्रीयता और नस्ल के सांस्कृतिक संदर्भों पर आधारित हैं। यह वह संदर्भ है जिससे हमें परिभाषित किया जाता है। मसलन मेरी पहचान भारतीय, उम्र 21 वर्ष, मध्यवर्ग, छात्र के रूप में की जाती है। मेरी पहचान इन्हीं संरचनाओं पर आधारित है। यही मुझे नाम, अर्थ और सार्थकता देते हैं। इसलिए अस्मिताएँ या पहचान उन्हीं बहुविध सांस्कृतिक संदर्भों पर निर्भर करती हैं जिन्हें ऊपर गिनाया गया है। न कि किसी एक संदर्भ पर।

अतः अस्मिताएं या पहचान कोई गुण नहीं है। यह हमारे व्यक्तित्व में छिपी है। वस्तुतः वस्तुस्थितियाँ बहुविध हो सकती हैं। बदलती हुई स्थितियों में हो सकती हैं। और कोई व्यक्ति इन्हीं बदलते और बहुविध संदर्भों में अवस्थित होता है।

इस दृष्टि से व्यक्तिनिष्ठता/आत्मपरकता और अस्मिता/पहचान भिन्नताओं पर आधारित होती हैं। सांस्कृतिक संदर्भों और दोहराव पर आधारित होती हैं। इसे 'उपयोगिता-विरोधी' या 'एंटी एसेंसियालिस्ट' कहते हैं। इसकी वजह यह है कि यह स्थाई पहचान के विचार को खारिज करते हैं। इस लिहाज से पहचान/अस्मिताएँ सामाजिक और सांस्कृतिक संदर्भों में लगातार अन्वेषित और पुनर्वेशित हो रही हैं।

कुल मिलाकर यह तर्क दर्शाते हैं—

- पहचान और आवश्यक पहचान नहीं होती।
- सभी पहचान या अस्मिताएँ सांस्कृतिक होती हैं।
- सभी पहचान भाषा की संरचना की उत्पत्ति हैं और व्यवस्था के अंतर से उपजती हैं।

भाषा में माध्यम का प्रश्न

माध्यम में किसी कार्य विशेष को पूरा करने की क्षमता होती है तथा आमलोगों और घटनाक्रम को प्रभावित करने की भी। अतः माध्यम का संबंध सत्ता/पावर से है। तब सवाल उठता है कि किसी संस्कृति में वे शक्तिशाली माध्यम व कारक कौन से हैं? किसी की 'वैयक्तिक स्वायत्तता' की सीमाओं का निर्धारण कौन करता है? किसी भी संस्कृति में व्यक्ति की गतिविधियों/क्रियाकलापों के क्या परिणाम होते हैं?

संस्कृति से आशय अर्थों की साझेदारी से है। मसलन हम आपस में कुछ मुद्दों पर सहमत होते हैं जैसे—भारतीय वैचारिक पद्धतियों के बोध व दर्शन, गांधी, क्रिकेट, हमारी राष्ट्रीय भौगोलिक सीमाएँ, ट्रैफिक सिग्नल आदि आदि। किसी भी समाज में संस्कृति का तात्पर्य सामाजिक अर्थों की भूमिका से संबंधित होता है। परन्तु सामाजिक अर्थ निश्चित/फिक्स नहीं होते हैं। बल्कि उनमें लगातार बदलाव और समझौतावादी प्रवृत्ति विद्यमान रहती है। मिसाल के तौर पर, पहले भारत एक समाजवादी राष्ट्र था और चीजों पर सरकार का नियंत्रण था लेकिन अब बदलते परिवेश में भारत को उपभोक्तावादी समाज के तौर पर बढ़ाया जा रहा है। फ्री मार्केट यानी मुक्त बाजार को प्रोत्साहित किया जा रहा है। यह और बात है कि भारत के इस बाजारवादी स्वरूप से समाज के सभी वर्ग संतुष्ट नहीं हैं। इसका यह स्वरूप अब भी विचार-विमर्श और बहस के विषय बने हुए हैं।

अर्थ भाषा की प्रक्रिया है। जहाँ सिर्फ शब्द या मुद्रित शब्द नहीं हैं बल्कि यह अभिव्यक्ति के भी एक रूप हैं। ठीक वैसे ही जैसे भाषण, चित्रकारी, फोटोग्राफी, सिनेमा, संगीत इत्यादि भी अभिव्यक्ति के एक रूप हैं। भाषा और उसकी अर्थवत्ता का संबंध वर्ग, सत्ता, विचारधारा और उन भौतिक स्थितियों से है जिसमें अभिव्यक्ति संभव है। भाषा का प्रयोग और सभी अभिव्यक्तियाँ विशेष सामाजिक, राजनीतिक और आर्थिक संदर्भ में अवस्थित हैं। यह संदर्भ ही विमर्श कहलाता है।

भाषा में माध्यम का अर्थ मुख्यतः विमर्श के ही पर्याय हैं। विमर्श ही वह संदर्भ है जो भाषा या लेखन की जगह लेता है। न्यायालय में विमर्श के दौरान तार्किक और कानूनी दलीलें ही स्वीकार की जाती हैं। वहाँ यह दावा नहीं किया जा सकता कि अंधविश्वास के प्रभाव में आपने किसी की जान ले ली इसलिए आप निर्दोष हैं। आधुनिक कानून में ऐसे अविवेकपूर्ण विश्वासों या अतार्किकता के लिए जगह नहीं है। उसी तरह कक्षा में विमर्श के दौरान शिक्षक से बुद्धिमत्ता और ज्ञान की उम्मीद की जाती है और छात्र भी उस विमर्श को समझ सकें ऐसी आशा की जाती है। कक्षा की विमर्शात्मकता इस बात की छूट बिल्कुल नहीं देती है कि अशोभनीय व्यवहार, नाच-गान आदि किए जाएँ। ये सब एक्टिविटी क्लासरूम अनुशासन के विरुद्ध हैं।

जैसा कि पूर्वविदित है विमर्श वह संदर्भ है जिसमें संस्कृति संप्रेषण, अर्थ उत्पत्ति और व्याख्याएँ संभव होती हैं। उदाहरण के तौर पर, लड़कियों के बारे में लिंग विमर्श और भाषा में लिंग का विचार के दो सामान्य अर्थ हैं–

- लड़कियाँ नाजुक और कमजोर होती हैं।
- पालन-पोषण और घरेलू देखभाल करना स्त्रियोचित गुण/काम हैं।

उपरोक्त विमर्श जेंडर के इर्द-गिर्द घूमते हैं। ये पितृसत्तात्मक विमर्श हैं। ये विमर्श महिलाओं को कमजोर और नम्र स्वभाव की बताते हैं और उनकी सुरक्षा की जरूरत पर बल देते हैं। उन्हें खाना बनाने, सफाई करने और बच्चों की देखभाल के ही योग्य समझते हैं। ये ही विमर्श उनके खेल, पहनावे, व्यवहार और बातचीत के तरीके को अनुशासित करते हैं। संक्षेप में, उनका पूरा जीवन इन्हीं विमर्शों से प्रशासित होता है।

इसका मतलब यह है कि प्रभाव में महिलाओं का जीवन इसी विमर्श से नियंत्रित है। उसकी स्वतंत्रता लिंग विमर्श के दायरे में सीमित है। उसे इस विमर्श के तहत दी गई भूमिका ही निभानी है। किसी बालिका के लिए यह कहना कठिन है कि मैं गुड़िया से नहीं बन्दूक से खेलना चाहती हूँ। इसका कारण यह है कि उसे वही परिवेश दिया गया है। उससे यही उम्मीद भी की जाती है। उसको इसी शर्त को पूरा करना होता है। दूसरे शब्दों में, उसके सारे क्रियाकलाप लिंग विमर्श के दायरे में सिमटे होते हैं। व्यापक संदर्भों में देखें तो बच्चों का जीवन पितृसत्तात्मक, मर्दवादी विमर्श के भीतर स्थिर है, जो उसे हमेशा कमजोर और असुरक्षित मानता है। या कहें उसके साथ ऐसे ही पेश आता है।

अतः विमर्श सत्ता की वह संरचना है जिसमें–

1. क्या कहा गया है और क्या लिखा का निर्धारण होता है (जो प्रतिनिधित्व कहलाता है)
2. विशेष अर्थ और पहचान उत्पन्न करता है।

इस लिहाज से यह देखना महत्त्वपूर्ण है कि विमर्श को कौन सा वर्ग या समूह

नियंत्रित करता है। किसके पास पहचान और माध्यम तय करने की सत्ता है। दूसरे शब्दों में, हमें सत्ता (पावर) की उस संरचना का विश्लेषण करना होगा जो छवि (इमेज), प्रतिनिधित्व (रिप्रजेंटेशन) तथा टेलीविजन के अर्थ, सिनेमा और राजनीति पर असर डालते हैं और अंततः किसी व्यक्ति के जीवन और क्रियाकलापों को प्रभावित करते हैं।

यथार्थ की सामाजिक संरचना

सामाजिक संरचना शब्द का इस्तेमाल सबसे पहले पीटर बर्जर और थॉमस लुकमैन ने अपनी किताब 'द सोशल कंस्ट्रक्शन ऑफ रियलिटी' में 1966 ई. में किया था।

बर्जर और लुकमैन का तर्क था कि यथार्थ का वैज्ञानिक और सैद्धांतिक ज्ञान उस यथार्थ को जानने का सिर्फ तरीका है। लोककथाएँ, बुद्धिमत्ता, अंधविश्वास और आस्था भी जानकारी के स्वरूप हैं। अपने इस विचार की व्याख्या में बर्गर और लुकमैन ने कहा कि समाज व्यक्तियों और पारस्परिक संपर्क में रहने वाले समूहों से मिलकर बना है। इसके परिणाम स्वरूप वे दूसरों के क्रियाकलाप, ज्ञान, स्थानीय एवं लोकगाथाओं के बँटवारे के संपर्क में देखते हैं।

उदाहरण के तौर पर हममें से प्रत्येक को दूसरे व्यवसाय का कम ज्ञान होता है पर विभिन्न व्यवसायों के लोगों के परस्पर व्यवहार से हम चिकित्सा, इंजीनियरिंग जैसे व्यवसायों का चलन समझ सकते हैं। चाहे उन्हें हमने कभी भी न अपनाया हो। हम ऐसे व्यवसायों और उन पर अमल करने वालों पर अपने नए हाल में हासिल ज्ञान के जरिए प्रतिक्रिया व्यक्त कर सकते हैं और उनसे जुड़ भी सकते हैं। हमारा यह ज्ञान उन डाक्टर या विश्वविद्यालय के प्रोफेसर को बातचीत के दौरान प्रभावित करता है।

संक्षेप में, किसी समाज में सामाजिक व्यवहार से हमको ज्ञान मिलता है। यह ज्ञान किसी मानसिक छवि, तस्वीर, अवधारणा और आस्था के रूप में मिलता है। बाद में यह अवधारणाएँ और विश्वास दुनिया और लोगों के देखने और समझने के तरीकों को प्रभावित करता है। यह अवधारणाएँ और विश्वास सामाजिक व्यवस्था का हिस्सा होते हैं। इस प्रक्रिया को संस्थानीकरण (इंस्टयूशनालाइज) की संज्ञा दी जाती है। संस्थानीकरण वह प्रक्रिया है जिसमें आदतें, रिवाज और स्थानीय तौर तरीके ज्ञान का स्रोत बन जाते हैं।

उदाहरण के तौर पर युवाओं का कॉलेज कैंटीन में मिलना। युवाओं का चाय के लिए आदतन मिलना (हैबिचुएशलाइज) एक स्थानीय सांस्कृतिक क्रियाकलाप बन जाते हैं। छात्रों का हर बैच इसी तरह मिलता है। यह मिलना आचार और विचार संहिता के तौर पर विकसित हो जाता है। चाहे उनका उठना, बैठना, बोलना,

जोर-जोर से हँसना या छेड़खानी करना हो। यह आचार संहिता कहीं लिखी नहीं गई है लेकिन नियम बन जाती है। छात्रों का हर बैच यही करता है जो पूर्ववर्ती छात्रों के बीच प्रचलित एवं लोकप्रिय होता है। कैंटीन की सामाजिक दुनिया में कैसे व्यवहार किया जाए यह छात्रों को सिखाया नहीं जाता लेकिन दाखिले के कुछ महीने के बाद ही छात्रों को यह परंपरा विरासत में मिल जाती है। यह एक वस्तुनिष्ठ यथार्थ है। कैंटीन में व्यवहार का तरीका छात्रों की भावी पीढ़ी के लिए स्थापित हो जाता है। भले ही वे इस बात से अनभिज्ञ हों कि यह कैसे निर्धारित हुआ है। ज्ञान का यह रूप–

- कॉलेज के द्वारा अधिकृत तौर पर स्वीकृत या विकसित नहीं किए गए हैं
- वैज्ञानिक रूप से सिद्ध नहीं हैं
- सैद्धांतिक तौर पर जाँचे-परखे नहीं गए हैं

पर व्यवहार का यह तरीका उस ज्ञान से उभरा है जो सामाजिक क्रियाकलापों से बना हुआ है जिससे छात्र कॉलेज जीवन तथा कैंटीन के यथार्थ और सामाजिकता के बीच सामंजस्य बनाते हैं।

उपर्युक्त बाद में सुझाए गई सामाजिक अवधारणाएँ इन्हीं विश्वासों और अवधारणाओं से बनी हैं। हमारे समाज में यथार्थ के बारे में हमारे बाद के विचार इन्हीं विश्वास और अवधारणाओं से उपजे हैं। आस्थाओं का समुच्चय जो सामाजिक क्रियाकलापों एवं संस्थानीकरण से उभरे हैं, लुकमैन और बर्जर उन्हें 'सांकेतिक सार्वभौमिक दुनिया' (सायम्बोलिक युनिवर्सेज) कहते हैं।

'सांकेतिक सार्वभौमिकता' विश्वास का वह समुच्चय है जिन्हें हर व्यक्ति थोड़ी वैज्ञानिक वैधता और सबूतों के माध्यम से जानता और आदान-प्रदान करता है। हम जिस दुनिया में रहते हैं सांकेतिक सार्वभौमिकता उसके यथार्थ से रूबरू होने का केंद्रीय तरीका है। कैंटीन के उदाहरण पर वापस जाएँ तो सांकेतिक सार्वभौमिकता का विश्वास यह बताता है कि नए छात्र कैसे व्यवहार करें। वह कैसे निश्चित तरीके से आरामदायक अंदाज में, थोड़ी छेड़छाड़, थोड़े शोरशराबे और ध्यान खींचने वाले अंदाज में ऐसा करें। सांकेतिक सार्वभौमिकता इस व्यवहार के लिए एक तरह की व्याख्या और न्यायोचित स्थिति है।

हमारी शिक्षा प्रणाली, धार्मिक कर्मकांड, सामाजिक व्यवहार इत्यादि स्थानीय आस्थाओं और अवधारणाओं से विकसित और प्रभावित होते हैं। इसकी वजह यह है कि वे हमारे ज्ञान की प्रक्रिया के हिस्सा हैं। अन्य शब्दों में, हम सच्चाई को इन्हीं अवधारणाएँ के मार्फत देखते हैं। लेकिन ध्यान देनेवाली महत्त्वपूर्ण बात यह है कि ये अवधारणाओं और विश्वास न तो वैज्ञानिक तौर पर और न ही सैद्धांतिक तौर पर पुष्ट हैं। बाबजूद इसके ये अवधारणाएँ इतनी ताकतवर हैं कि दुनिया में हमारी गतिविधियों को प्रभावित करती हैं। यह सामाजिक रूप से उपलब्ध ज्ञान हैं और इस

पूरी प्रक्रिया को यथार्थ की सामाजिक संरचना कहा जाता है।

इस विस्तृत वास्तविक ज्ञान के जरिए हम यथार्थ और जीवन की अनिश्चितताओं और वास्तविकताओं से बेहतर तरीके से रूबरू होते हैं। मान लीजिए हम मानवीय यथार्थ/सच्चाइयों को नियमित व्यवहार के प्रभाव के तौर पर लेते हैं। इससे हमें वास्तविक स्थिति का ज्ञान मिलता है और दूसरों की गतिविधियों की व्याख्या करने और इस तरह की वास्तविकता को समझने में सहायता मिलती है।

इतिहास में भाषा का प्रश्न

भाषा और इतिहास का संबंध आपस में दो स्तरों पर है—

क. किसी स्थान या व्यक्ति के इतिहास को बताने के लिए भाषा का प्रयोग

ख. भाषा का अपना इतिहास (क्योंकि भाषा का विकास या भाषा का इतिहास एक स्थान या संस्कृति के इतिहास से गहन रूप से जुड़ा है)

ऐतिहासिक तथ्य और अतीत सिर्फ भाषा के जरिए उद्‌घाटित किए जा सकते हैं। राष्ट्रीय पहचान की संवेदना निर्मित करने में भाषा की महत्त्वपूर्ण भूमिका है। उदाहरण के तौर पर 'हिन्दुस्तान', 'भारत', और 'इंडिया' जैसे शब्द हमारे उपमहाद्वीप के लिए हमेशा कुछ न कुछ विवाद के विषय रहे हैं। पहले शब्द में धार्मिकता की भावना है और तीसरा शब्द औपनिवेशिक शासन की महत्ता को बयान करता है। भारत शब्द ज्यादा जिम्मेदार और तटस्थ है इसलिए आज राष्ट्रीयता की भाषा के तौर पर वही प्रभावी है।

किसी भाषा का विकास उस देश और उसकी जनता द्वारा इस्तेमाल की जाने वाली भाषा की ऐतिहासिक पहचान से अंतःसंबंधित है। उदाहरण के तौर पर, ब्रिटिश राष्ट्रीयता के शुरुआती दौर में (15वीं-16वीं सदी) माइकल ड्रेटन (1563-1631ई.) जैसे कवि वहाँ के प्राकृतिक सौंदर्य का काव्यात्मक तरीके से वर्णन करते थे ताकि पाठक यह जान पाएँ कि उनके देश की प्राकृतिक और भौगोलिक छटा कैसी है। 15वीं और 16वीं शताब्दी में अंग्रेजी का भाषा के तौर पर आधुनिकीकरण अंग्रेजों की भाषायी पहचान स्थापित करने का एक महत्त्वपूर्ण हिस्सा था।

व्याकरण की किताबों में भाषा के नियमों का संहिताकरण किया गया और यह पढ़ाई का साधन बना। इस तरह किसी समाज में भाषा और संस्कृति को औपचारिक तरीके से परिचय कराया गया। हालाँकि किसी भी समाज में कई भाषाओं का इस्तेमाल संभव है। पर उन सभी को औपचारिक नहीं किया जा सकता। उदाहरण के तौर पर लैटिन और संस्कृत उच्च वर्ग के लोगों की भाषाएँ थीं पर कामकाजी वर्ग इसका उपयोग नहीं करता था। इन दोनों से ही मातृभाषा और साहित्य बाजी मार ले गए। इसकी वजह यह थी कि मातृभाषा ने लोगों की आत्मा में घर कर लिया था। यूरोप में पुनर्जागरण के दौर में अखबार और मुद्रित सामग्री के विकास तथा सदियों

बाद महात्मा गांधी के 'यंग इंडिया' और 'हरिजन' अखबारों में उस भाषा (मातृभाषा) का इस्तेमाल हुआ जिससे लोगों में राष्ट्रीय पहचान और सामाजिक अन्याय, राष्ट्रवाद तथा राष्ट्रीय स्वतंत्रता जैसे मसलों पर चेतना जागी।

दूसरे आयाम में, भाषाओं ने समय के साथ प्रगति की। भारोपीय भाषाएँ (जिसमें हिन्दी, फारसी, नारबेजिआई और अंग्रेजी शामिल हैं) का उद्भव हुआ। यह माना जाता है कि ये भाषाएँ मध्य और पूर्व यूरोपीय बंजारा आदिवासियों से करीब लगभग तीन हजार ईसापूर्व आई थीं। सेमेटिक भाषाओं का उद्भव अरब से दो हजार ईसा पूर्व माना जाता है। इतिहास में जो भाषाएँ विकसित हुईं वे किसी स्थान के नस्लीय और सामुदायिक इतिहास से भी जुड़ी हुई थीं। इसी तरह आर्य समूह की भाषाएँ जिन्हें बोलने वाले जर्मनी से लेकर भारतीय क्षेत्रों में भी मिल जाएँगे। उनका इतिहास इन इलाकों में फैले कई आदिवासी कबीलों और संस्कृतियों से जुड़ा है।

बहुभाषावाद 20वीं सदी में कई समाजों का मुख्य लक्षण रहा है। विशेष रूप से ऐसे समाज जिनमें ज्यादा पलायन हुआ है और जो घुमक्कड़ रहे हैं। जहाँ राष्ट्र और संस्कृतियों का जोर सर्वमान्य भाषा पर रहा है, वहाँ इसके परिणाम में बेहिसाब प्रदर्शन और लड़ाइयाँ हुई हैं। इसकी वजह यह है कि भाषा का सांस्कृतिक पहचान से गहरा संबंध है। भाषा के नुकसान को लोग अपना नुकसान मानते हैं क्योंकि भाषा में उनका इतिहास और संस्कृति शामिल होती है। भाषा में ही लोग अपना अक्स देखते हैं।

20वीं सदी के उत्तरार्द्ध में फ्रांसीसी और जर्मन जैसी बड़ी यूरोपीय भाषाओं को अंतर्राष्ट्रीय स्तर पर पतन हुआ या कहें इन्हें नकार दिया गया। इसकी वजह से अंग्रेजी के प्रभाव में विस्तार हुआ (उदाहरण के तौर पर अंग्रेजी नए मीडिया और इंटरनेट की प्रमुख भाषा बनी) है। हालाँकि बहुभाषावाद अभी भी कई स्थानों पर मौजूद है। बहुभाषावाद ऐतिहासिक तौर पर सांस्कृतिक अनेकता, जनसंख्या परिवर्तन के रूपों और सामाजिक परिवर्तनों से संबद्ध रहे हैं।

वर्ग, जाति, नस्ल तथा लिंग के संबंध में भाषा का प्रश्न

जैसा कि हम पहले भी देख चुके हैं भाषा की अस्मिता या पहचान से सीधा संबंध है। भाषा के कारण ही हम अन्यों से अलग हैं। यानी यही हमें पहचान देती है। हमारी अस्मिता का निर्माण करती है। भाषा का असर रोजमर्रा के जीवन पर पड़ता है। यह हमारे सामाजिक संबंधों पर असर डालती है क्योंकि हमारी सामाजिक पहचान भाषा से ही निर्मित होती है। जब युवावर्ग भाषा का खास तरह से इस्तेमाल/प्रयोग करता है तो वह उसी रूप में अपनी सामाजिक पहचान बनाता है। इसके लिए वह अपनी खास शैली को भी लोगों से शेयर करता है। उदाहरण के तौर पर युवाओं की बातचीत में 'चिल' (या 'ओह शिट' शब्द का प्रयोग बहुतायत से

देख सकते हैं) शब्द आमतौर पर प्रयोग होता है। इससे एक पहचान स्थापित करने में मदद मिलती है क्योंकि हरेक युवा व्यक्ति इस शब्द का अर्थ जानता है। इस तरह भाषा हमारे ठोस भौतिक जीवन और सामाजिक यथार्थ से गहरा संबंध रखती है। दूसरे शब्दों में कहें तो भाषा सत्ता (पॉवर) या सत्ता की संरचना है।

भाषा का इस्तेमाल लोगों को अलग-थलग करने और लोगों से भेदभाव करने के लिए भी किया जाता है। भाषा एक सामाजिक घटना है और इसका राजनीतिक प्रभाव होता है। उदाहारण के तौर पर अंग्रेजी के शब्द 'डिनिग्रेट' को लें। इसका मतलब है किसी भी व्यक्ति को धकेलकर अश्वेतों (नीग्रो) के लेवल पर लाना। 20वीं सदी के मध्य तक अश्वेतों को 'नीग्रो' कहा जाता था। और इस शब्द को गाली के रूप में लिया जाता था/समझा जाता था। चूंकि नीग्रो, समाज में बदतर या कमतर मनुष्य समझे जाते थे इसलिए इस शब्द का इस्तेमाल किसी व्यक्ति को नीचा दिखाने के लिए किया जाता था। इस तरह इस शब्द के इस्तेमाल के पीछे नस्लीय भेदभाव की भावना थी।

भारतीय संदर्भ में देखें तो ज्यादा स्पष्ट होगा। हमारे समाज में जब कोई किसी को 'चमार चूहड़े' कहता है तो निश्चित तौर पर उस व्यक्ति को उसकी सामाजिक हैसियत से नीचे गिराने की कोशिश करता है। इस शब्द के इस्तेमाल में जाति विशेष के प्रति घृणा की भावना स्पष्ट है। सामाजिक जागरूकता के अभाव में लोग इस शब्द का धड़ल्ले से इस्तेमाल करते हैं। अब यह शब्द न सिर्फ आपत्तिजनक माना जाता है बल्कि इसके इस्तेमाल से उस व्यक्ति पर कानूनी कार्रवाई भी की जा सकती है। यह दलित राजनीतिक, सामाजिक, शैक्षणिक चेतना के उभार और विरोध के बगैर संभव नहीं था।

भाषा जीवन के अनुभवों, किसी व्यक्ति की सामाजिक सच्चाइयों और कामकाजी लोगों के अनुभवों को संगठित करती है। कामकाजी वर्ग अपनी भाषा को खुद विकसित करते हैं क्योंकि आभिजात्य या कुलीन वर्ग की भाषा में उनकी चेतना एवं अनुभवों को कोई स्थान प्राप्त नहीं है। इसकी वजह यह है कि ऊँचे वर्ग के लोगों के अनुभव एवं जीवन की लय एकदम भिन्न होती है। फिल्मों में कामकाजी समाज की भावना को दिखाने के लिए सड़क छाप भाषा का इस्तेमाल किया जाता है। यह दूसरी दुनिया की झलक दिखाने में खिड़की का काम करता है। भाषा किसी वर्ग के लोगों को जोड़ती है। यह उनकी चेतना का साधन है। क्योंकि इसकी बदौलत वे अपने अनुभवों को जोड़ सकते हैं, उन्हें बाँट सकते हैं और अपनी भाषा में दूसरे के अनुभवों को आत्मसात कर सकते हैं। जब हम 'चार्ल्स डिकेंस' के उपन्यासों को पढ़ते हैं तो हम स्पष्ट तौर पर देख सकते हैं कि मजदूरों की भाषा उनके कामकाज के अनुभवों से निकलती है। 'जेनअस्टिन' के लेखन में हम सीधे तौर पर जमींदार वर्ग की भाषा से रूबरू होते हैं। इनमें जमीन और व्यवहार आपस में गुँथे हैं।

उदारवादी, अतिवादी और मार्क्सवादी सभी ने भाषा का प्रयोग विशिष्ट (खास) तरीके से किया है। उदाहरण के तौर पर, विद्रोह और वर्ग संघर्ष की भाषा में न्याय की भावना शामिल रहती है। क्योंकि इसने जमीन के स्वामित्व और पूँजीवाद को लक्षित किया है। इसकी झलक रूस, चीन और भारत की हिंसा और राजनीतिक संघर्ष की भाषा में मिलती है। आज हम कॉल सेंटर में काम करने वाले और महानगरों के युवाओं में खास वर्गीय (वर्ग संबंधी) भाषा शैली को देख सकते हैं। इन दिनों एसएमएस और सोशल नेटवर्किंग की भाषा में बड़े पैमाने पर अतिवाद उभरा (संक्षिप्तिकरण और भावुकता सहित) है। और इसका इस्तेमाल वही कर रहे हैं जो तकनीकों के जानकार हैं। उन्हीं के बीच इनका (भाषा संबंधी) आदान-प्रदान हो रहा है।

भाषा में किसी भी वर्ग, जाति, वर्ण और लिंग की खास प्रवृति समाहित रहती है। उदाहरण के लिए पिछली शताब्दियों में कुछ शब्दों के अर्थ बदल गए हैं। आज के जमाने में उन शब्दों के अर्थ अलग हैं। जैसे 'फेयर' शब्द का प्रयोग शुरुआत में न्याय की भावना के अर्थ में होता था। 15-16 वीं शताब्दी के आसपास इसका इस्तेमाल 'सौंदर्य' (त्वचा की सुन्दरता) के लिए होने लगा। समय के साथ इन शब्दों के अर्थ में बदलाव, अंग्रेज और यूरोपीय लोगों का एशिया और अफ्रीका के 'काली त्वचा' (डार्क स्किंड) वाले नस्लों से टकराव के कारण हुआ। 15-16 वीं शताब्दी में यूरोपीय लोग पूरी दुनिया में घूम रहे थे और इस दौरान वे भिन्न-भिन्न तरह के नस्लों/वर्णों के लोगों से मिले। 'फेयर' शब्द का इस्तेमाल उन्होंने इसी दौरान अपने को दूसरे नस्लों से अलग करने के लिए किया। यह शब्द सिर्फ त्वचा के रंग से अलग करने के लिए नहीं वरन चरित्र और व्यक्तित्व के लिहाज से भी खुद को अलग दिखाने के लिए उपयोग में लाया गया। इस तरह अंग्रेज न सिर्फ रंग के मामले में बल्कि निष्पक्षता और न्याय के मामले में भी 'फेयर' माने गए। यहाँ भाषा नस्ल को मूर्त्त रूप देने और नस्लीय भेद को बढ़ाने का साधन बनी।

जाति सूचक शब्द और नाम भी पहचान के प्रतीक हैं। और किसी व्यक्ति की 'फिक्स' (निश्चित) पहचान या अस्मिता का निर्माण करते हैं। मसलन पांडे, दूबे, चौबे, सिंह, शर्मा, मदान, मलिक, यादव, जाटव, अहलावत, वाल्मीकि, दास, राम आदि व्यक्ति की जाति एवं पहचान को बताते हैं। भाषा का प्रयोग किसी समुदाय और जाति (भौगोलिक स्थिति और संस्कृति) के हिसाब से अलग-अलग हो सकता है। जाति सूचक नामों का इस्तेमाल अकसर लोगों को अपमानित करने, गाली देने और निंदा करने के लिए भी होता है। उदाहरण के लिए 'चमार' शब्द को किसी खास जाति के नाम पर अपमानित करने के लिए काम में लाया जाता है। यहाँ भाषा में सामाजिक अन्याय आवश्यक रूप से लाया गया है।

यहाँ यह देखना महत्त्वपूर्ण है कि भाषा राजनीतिक तौर पर जाति की पहचान/अस्मिता से कैसे जुड़ी है। 'चमार' शब्द का इस्तेमाल उस जाति के

परंपरागत व्यवसाय के संदर्भ में लोगों को अपमानित करने के लिए होता है। यहाँ भाषा का वर्तमान सच्चाई से कोई लेना देना नहीं है पर इसे ऐतिहासिक काल से चली आ रही आवश्यक पहचान से जोड़कर सिर्फ अपमानित करने के लिए इस्तेमाल किया गया है।

यही वजह है कि गांधीजी ने इन कथित अस्पृश्य लोगों के लिए 'हरिजन' यानी 'ईश्वर के लोग' नया शब्द गढ़ा। इससे खास जाति और समूह से जुड़ा अपमान का भाव कम हुआ। स्वतंत्रता के बाद के भारत में वैधानिक व्यवस्था और संविधान का निर्माण भीमराव अंबेडकर जैसे दूरदर्शी द्वारा किया गया। उन्होंने भी नयी नामावली गढ़ी। अनुसूचित जाति, अनुसूचित जनजाति और पिछड़ी जातियाँ जैसे नए शब्द गढ़े तथा जाति सूचक शब्दों और नामों को खारिज करने की पहल की। मायावती 'हरिजन' शब्द का विरोध कर उसकी जगह पर 'दलित' शब्द के इस्तेमाल की पैरोकारी करती हैं। उनका मानना है कि दलित शब्द से 'दलन' या 'उत्पीड़ित' होने का बोध प्रकट होता है, जो कि समाज की सच्चाई रही है/है।

अंबेडकर और हाल ही में कांचा इलैया जैसे विचारकों, राजनीतिक सिद्धांतकारों आदि ने अंग्रेजी भाषा के पक्ष में तर्क दिए। उनका मानना है कि अंग्रेजी तटस्थ भाषा है, जिसमें परंपरागत जाति, नाम इत्यादि अप्रासंगिक हैं। अंग्रेजी ने भाषा और सामाजिक यथार्थ के रूप में संप्रेषण के क्षेत्र में खासा परिवर्तन किया है। इस भाषा में भारतीय जातियों की तरह के संबोधन के रूप नहीं हैं। इस तरह यह सामाजिक भेदभाव को पाटने का भी जरिया बन गई है। इसी वजह से अंग्रेजी भाषा सामाजिक ढाँचे में विभिन्न तरीके से पैठ गई है। औपनिवेशिक राज की वजह से अंग्रेजी जो संस्कृत और फारसी के बाद सबसे ताकतवर भाषा थी अब वह भारत की विशेषाधिकृत और प्रभावशाली ऊँची जातियों की भाषा बन गई है। अंग्रेजी के प्रसार एवं उसके सकारात्मक बदलाव की वजह से ऊँची जातियों का इस भाषा से जुड़ाव बदल रहा है। क्योंकि दलित, पिछड़ी और आदिवासी जातियाँ उच्च शिक्षा के क्षेत्र में डिग्रियाँ हासिल कर प्रतिस्पर्धा करने लगीं। अंग्रेजी अब उनके सामाजिक अन्यायोचित स्थिति और इतिहास को मिटाने का साधन है। अब यह कारपोरेट और व्यावसायिक जगत की भाषा है। दूसरे शब्दों में, अंग्रेजी ने पहले कमजोर समझे जाने वाले वर्गों, समूहों को सक्षम बनाया है।

मिसाल के तौर पर, कानून को लें। कानून पर पश्चिमी व्यवस्था और दर्शन का बड़ा प्रभाव रहा है और इस पर ऊँची जातियों और उच्च वर्ग के भारतीयों का लंबे समय तक दबदबा था। इसी वजह से सामाजिक भेदभाव बना रहा। क्योंकि कानून बनाना और इसकी व्याख्या करने का काम हमेशा उच्च वर्ग के हाथ में रहता आया है। अंग्रेजी शिक्षा के विस्तार के साथ ही यह परिदृश्य भी बदलने लगा है।

जाति की तरह ही नस्ल का मामला है। अश्वेत नस्लों को संबोधित करने के

लिए 'निगर', 'ब्लैकी', 'चिंकी', 'ब्राउनी' जैसे शब्द इस्तेमाल किए जाते थे। किसी को अपमानित करने के लिए 'डिनाइग्रेट' शब्द इस्तेमाल होता रहा है। इसका तकनीकी अर्थ है 'निगर' के स्तर पर पहुँचाना। भाषा और नस्ल हमेशा से गहराई से जुड़े रहे हैं। इसकी वजह यह है कि भाषा का इस्तेमाल हमेशा भेदभाव के लिए किया गया। उपरोक्त उदाहरण नस्लीय भाषा के उदाहरण हैं। जो लोग लैटिन भाषा का इस्तेमाल नहीं करते थे उन्हें प्राचीन यूरोपीय संस्कृति 'बारबेरियन' यानी बर्बर कहा जाता था। इसी तरह जो लोग ग्रीक और लैटिन जैसी शास्त्रीय भाषाओं से उद्धरण नहीं दे पाते थे उन्हें 'अनकौथ' यानी बर्बरिक ही कहा जाता था। 15वीं और 16वीं शताब्दी में जब स्पेन ने अमेरिका पर कब्जा किया तो अपनी भाषा को लोकप्रिय बनाने के लिए उन्होंने व्याकरण की पुस्तकें तैयार कीं। इनके साथ शिक्षा, कानून, कला और चिकित्सा जैसे कुछ नए विषय भी तैयार किए गए। यह सभी विषय नस्ली स्पैनिश में ही उपलब्ध थे। औपनिवेशिक भारत में भी ऐसा ही हुआ। अंग्रेजी फारसी की जगह काबिज हुई और यह सत्ता एवं प्रशासन की भाषा बन गई।

अमेरिका के अश्वेतों ने अपनी अलग अंग्रेजी भाषा ईजाद की। विशेष रूप से संगीत और कविता के क्षेत्र में। यह उनकी विशिष्ट संस्कृति के परिचायक हैं। आस्ट्रेलिया के प्राचीन नाटककारों 'जिम्मी ची' और 'बैंड कुकले' ने प्राचीन भाषाओं और अंग्रेजी का मिश्रित रूप इस्तेमाल किया। कैरिबियाई कविता और गद्य में इनकी अपनी अश्वेत संस्कृति, भाषा और रिवाजों की झलक मिलती है। 1948 ई. में कामू ब्रैथवेट ने 'हिस्ट्री ऑफ वॉयस' में कैरेबियाई देशों के लिए एक राष्ट्रीय भाषा के विकास की बात की। 'डब' कवियों और कैरेबियाई लेखक जीन बिंटा ने यूरो अमेरिकी के बजाय अफ्रीका की लोक संस्कृति से भाषा और संस्कृति के तौर तरीके लिए। ग्लोरिया एनजलडुआ, आद्रे लोडे, और चेरी मोरागा जैसे लेखकों की रचनाएँ पूर्व यूरोपीय, गैर स्पेनिश या अंग्रेजी भाषा के बजाय मातृभाषाओं में संभव हुई।

यहाँ किसी नस्ल विशेष की भाषा पर जोर नहीं था बल्कि सांस्कृतिक विरासत जैसे इतिहास, लोककथाएँ, कहानियाँ, व्यक्तित्व और किंवदंतियों जैसी बातें जो हर भाषा में होती हैं, पर जोर दिया गया है। ठीक अंग्रेजी और स्पेनिश की तरह जोकि ईसाई आभिजात्य और शाही थी। इन लेखकों की भाषा ने मौलिक किस्से, धार्मिक आस्थाएँ, और इतिहास का रेखांकन किया। लोककथाओं के नायक, प्रकृति और पौराणिक लेखन आदि में अपने सांस्कृतिक विमर्श को शामिल किया। यह शब्द, वर्ण और भाषा से बढ़कर नस्लीय अस्मिता, नृजातीय गर्व और नृजातीय इतिहास के विमर्श हैं। हमें यह देखने की जरूरत है कि कैसे किसी विशिष्ट नस्ल की भाषा उसके औपचारिक ढाँचे से बढ़कर पूरे विचार और इतिहासों का संपूर्ण तंत्र बन जाता है। वॉलकाट, सोयिंका, अचेबे, राजाराव, और एंजालडुआ के लेखन में सांस्कृतिक साक्ष्य श्वेत नस्ल की सामाजिक व्यवस्था एवं नस्लीय भाषा के खिलाफ एक प्रतिरोध का

तरीका बन जाती हैं। हिन्दी में हम डा. धर्मवीर, ओमप्रकाश वाल्मीकि, मराठी में दया पवार, भालचंद्र मुणगेकर आदि की दलित आत्मकथाओं में सवर्णी सोच, मानसिकता, व्यवहार के खिलाफ प्रतिरोध की एक संरचना को आसानी से देख सकते हैं।

भाषा लोगों के लिंग के प्रति दृष्टिकोण को प्रदर्शित करती है। भाषा का इस्तेमाल करने वाले उसे जिस तरह से बोलते और लिखते हैं उससे उनके लिंग के प्रति दृष्टिकोण की जानकारी मिलती है। उदाहरण के तौर पर 'मैनकाइंड' से हमेशा मानव जाति के आधे अस्तित्व और व्यक्तित्व का आभास होता है। यहाँ भले ही इस शब्द से लगे कि यह पूरी मनुष्य जाति के संदर्भ में इस्तेमाल हो रहा है जबकि सच्चाई है कि यह सिर्फ आधी आबादी यानी पितृसत्ता को परिभाषित करता है।

जॉर्ज कीथ और जॉन शटलवर्थ ने एक अध्ययन में भाषा के अंतर के संबंध में कुछ उन विचारों को सामने रखा है जिन्हें पुरुष एवं महिलाएँ इस्तेमाल करते हैं। उन्होंने यह खोज मनुष्य के आम रवैये के बारे में की है—

- आमतौर पर यह माना जाता है कि महिलाएँ मर्दों से अधिक बात करती हैं। बहुत ज्यादा बोलती हैं। ज्यादा विनम्र होती हैं। वे निर्णय लेने में हिचकती हैं। शिकायत करती हैं, सिर खाती हैं और ज्यादा सवाल पूछती हैं। एक दूसरे की मदद करती हैं और ज्यादा सहयोगी होती हैं।
- जबकि पुरुष ज्यादा कसमें खाते हैं। भावनात्मक बातें कम करते हैं। खेल के बारे में चर्चा करते हैं। औरत और मशीन दोनों के बारे में एक ही अंदाज में बात करते हैं। प्रायः एक-दूसरे को अपमानित करते हैं। प्रतिस्पर्धात्मक बातचीत करते हैं और प्रभावी होने की कोशिश करते हैं। आदेशात्मक अंदाज में बात करते हैं, ज्यादा नियंत्रित करने की कोशिश करते हैं और ज्यादा व्यवधान उत्पन्न करते हैं।

अधिकतर मामलों में स्त्रियाँ अलग भाषा का इस्तेमाल नहीं करतीं। विलियम ओबार और बोमैन एटकीन के अध्ययन के अनुसार महिलाएँ सामाजिक संदर्भ में शक्तिहीन और कमजोर होने की वजह से भाषा का अलग तरीके से इस्तेमाल नहीं करती हैं। उदाहरण के तौर पर एक अध्ययन में पाया गया कि व्यवसायों से जुड़ी महिलाएँ वैसी ही भाषा बोलती हैं जैसे पुरुष। पर निम्न वर्ग की महिलाएँ जो सामाजिक तौर पर कमजोर होती हैं उनमें भाषा के प्रयोग को लेकर आत्मविश्वास कम होता है। वे अकसर बातचीत में 'के जैसा', 'के प्रकार का', 'ऐसा लगता है'—जैसे पुछल्ले जोड़ देती हैं। अतः भाषा में लिंग भेद सामाजिक संदर्भों का परिणाम है।

इस भेद के बारे में और भी तर्क दिए जाते हैं। उदाहरण के तौर पर पुरुष भाषा में प्रतिस्पर्धात्मक रवैया अपनाते हैं जबकि महिलाओं की बातचीत में सहायता का भाव होता है। पुरुष इसका उपयोग स्वतंत्रता के लिहाज से करते हैं और महिलाएँ

अंतरंगता के लिए। पुरुषों की बातचीत का दायरा सूचनात्मक होता है जबकि महिलाएँ भावनात्मक अंदाज में बोलती हैं। पुरुषों की बातचीत में आदेशात्मक भाव–'हम यह कर देंगे' और महिलाओं में सुझाव देने वाले अंदाज–'हम ऐसा करके देखते हैं', 'आप ऐसा क्यों नहीं कर लेते'–होते हैं। इन तर्कों से स्पष्ट होता है कि भाषा में लोगों (स्त्रियों-पुरुषों) का लैंगिक दृष्टिकोण उभर आता है। ऐसी सामाजिक धारणा है कि मर्दों की पहचान उसकी भाषा के इस्तेमाल से स्वीकार की जाती है। लैंगिक अस्मिता का निर्माण व्यक्ति की भाषा शैली, शब्दावली, बातचीत के तरीके और भाषा की बनाबट का नतीजा है।

भाषा और उपनिवेशवाद

भारत में ब्रिटिश राज के चार सौ वर्षों में अंग्रेजी सिर्फ कानून के भाषा के तौर पर नहीं बल्कि सत्ता के तौर पर आयी। इसने उस समय की सत्ता और प्रशासन की भाषा संस्कृत और फारसी को बेदखल करते हुए स्कूलों और विश्वविद्यालयों में पढ़ाई के तौर पर जगह बनायी।

औपनिवेशिक दौर में भाषा का प्रश्न ब्रिटिश राज के सांस्कृतिक आयाम का अच्छा नमूना है। औपनिवेशिक प्रशासक जैसे वारेन हेस्टिंग्स और टी.बी. मैकाले तथा विलियम जोंस जैसे विद्वान और जेम्स मिल जैसे टिप्पणीकारों ने साथ मिलकर भारतीय भाषाओं जैसे संस्कृत और फारसी का अध्ययन किया। उन्होंने इन भाषाओं में उपलब्ध सामग्री को अंग्रेजी में अनुवाद करके भारतीय कानून, धर्म, और कला को समझने की कोशिश की। ये लोग ओरियंटलिस्ट (प्राच्यवादी) नाम से जाने जाते हैं। ओरियंटलिस्ट भाषाओं और संस्कृतियों के विशेषज्ञ कहे जाते थे। दूसरे चरण में इन्होंने भारतीय पांडुलिपियों, रचनाओं और संस्कृति को प्रागैतिहासिक और निरर्थक घोषित किया। 1813 ई. के बाद देश में बड़ी तादाद में ईसाई धर्म प्रचारक आने लगे। उन्होंने यह महसूस किया कि जब तक उनकी भाषा की समझ समान न हो तब तक वे न तो यहाँ के लोगों के बीच प्रवचन कर सकते हैं न ही धर्मांतरण ही करा सकते हैं। इसीलिए विलियम कैरी जैसे कई धर्म प्रचारकों ने स्थानीय भाषाएँ सीखी और 'बाइबिल' का उस भाषा में अनुवाद किया। उन्होंने स्थानीय लोगों को अंग्रेजी भी सिखाई।

तीसरे दौर में अंग्रेजी ने पढ़ाई के माध्यम के तौर पर जगह बना ली। उस समय यह तर्क दिया गया कि अंग्रेजी ही ज्ञान की भाषा है और यूरोपीय संस्कृति ही समानता, स्वतंत्रता, विकास और आधुनिकीकरण सुनिश्चित कर सकते हैं। इन्हीं तर्कों के आधार पर औपनिवेशिक प्रशासकों ने अंग्रेजी को थोपा। भारतीय बुद्धिजीवी राजा राममोहन राय ने भी अंग्रेजों से यह अनुरोध किया कि भारतीय को अंग्रेजी शिक्षा की जरूरत है न कि संस्कृत की। अंग्रेजी को सहमति देने वाले इस आंदोलन से

1835 ई. में टी.बी. मैकाले ने जो अलोकप्रिय दस्तावेज तैयार किया उससे इसमें बड़ी मदद मिली। इसमें मैकाले ने संस्कृत, अरबी और अन्य भाषाओं को बेकार साबित कर दिया था। मैकाले ने लिखा—'ऐसे वर्ग के लोगों में बौद्धिक सुधार के लिए जो उच्च शिक्षा ग्रहण कर रहे हैं, जिनके पास आगे बढ़ने के साधन हैं, उन्हें मौजूदा समय में अंग्रेजी भाषाएँ पढ़ने से मदद मिलेगी न कि वर्नाकुलर या मातृभाषाओं से'।

अतः अंग्रेजी शिक्षा, न्याय, विकास और प्रगति, कानून और कारोबार की भाषा के तौर पर स्थापित हो गई। इन क्षेत्रों में अंग्रेजी का दबदबा था। यह और बात है कि अंग्रेजी के साथ-साथ स्थानीय भाषाएँ भी काम कर रही थीं।

अंग्रेजी लागू किए जाने से स्थानीय बच्चे अपनी भाषा और संस्कृति से कटने लगे। अंग्रेजी को सिर्फ भाषा के तौर पर प्रस्तावित या परिचित नहीं कराया जा रहा था बल्कि उसे संस्कृति और जीवन शैली के रूप में सामने रखा जा रहा था। आज स्कूलों में अंग्रेजी का जो वर्चस्व दिखाई पड़ रहा है वह औपनिवेशिक नीति का ही विस्तार है। यह और बात है कि 1930 ई. में ही प्रसिद्ध उपन्यासकार राजाराव ने अपने उपन्यास 'कंथापुरा' की भूमिका में अंग्रेजी पर शोक व्यक्त करते हुए कहा था कि वह हमारी भावनाओं को व्यक्त नहीं कर सकती। वह हमारे दिलों पर राज नहीं कर सकती। उस भाषा में अपनापन होने का बोध नहीं होता है।

आजादी के बाद कई शिक्षाशास्त्रियों, राजनीतिज्ञों और लेखकों ने अंग्रेजी से पूरी तरह अपने को काट लिया और उस भाषा से अपने को अलग होने की बात की। राममनोहर लोहिया ने 'अंग्रेजी हटाओ' और 'मातृभाषा लाओ' आंदोलन चलाया। केन्या के उपन्यासकार न्यूगी थ्योंगों ने तो अंग्रेजी विभाग को ही समाप्त करने का आवाह्न किया। उनका मानना था कि भाषा का संस्कृति से गहरा जुड़ाव है। मातृसंस्कृति को जिंदा रखने के लिए अपनी भाषा और अभिव्यक्ति की आवश्यकता पड़ती है। जब तक तीसरी दुनिया के देश अंग्रेजी को बनाए रखेंगे उपनिवेशवाद बना रहेगा। दिमाग को औपनिवेशिकता से मुक्त रखने के लिए हमें अंग्रेजी को खदेड़ना होगा। अल्जेरिया के स्वतंत्रता सेनानी फ्रांज फेनन ने भाषा के हिंसात्मक स्वरूप पर विचार करते हुए कहा कि जहाँ औपनिवेशिक स्वामित्व में स्थानीय मातृभाषाएँ एवं संस्कृति को औपनिवेशिक भाषा के द्वारा हाशिए पर धकेल दिया जाता है, वहाँ के लोगों को एक किस्म से भाषा विहीन करके छोड़ दिया जाता है। लोहिया का कहना था कि चीन, जापान, ब्रिटेन, जर्मनी, सोवियत संघ, फ्रांस आदि देश इतिहास, दर्शन, साइंस एंड टेक्नोलाजी आदि में विकसित हुए तो उसकी वजह अपनी मातृभाषा में ज्ञानार्जन और काम करना था। मातृभाषा से कटा राष्ट्र कभी तेजी से विकास नहीं करता है, क्योंकि वह अपनी क्षमताओं का पूरा इस्तेमाल कभी कर नहीं पाता है।

भाषाई उपनिवेशवाद पर बहसें अब भी जारी हैं। ज्यादातर आजाद देशों में हिन्दुस्तान के लेखकों से पूछा जाता है कि वे अंग्रेजी में क्यों लिखते हैं? आलोचना

के एक ब्रांड को नैटिविज्म (स्थानीयता या क्षेत्रवादी आलोचना) कहा जाता है। यह इस बात पर बल देता है कि जब तक अंग्रेजी का प्रयोग होता रहेगा तब तक हम आजाद नहीं हो पायेंगे। क्योंकि अंग्रेजी के माध्यम से औपनिवेशिक उत्पीड़न का तंत्र जिंदा रहता है (उदाहरण के लिए बालचंद्र नेमडे को देखा जा सकता है)। उधर सलमान रुश्दी जैसे अन्य लेखकों का तर्क है कि अब औपनिवेशिक भाषा दमन की भाषा नहीं रह गई है। उत्तर-औपनिवेशिक लेखकों ने इसका देशीकरण कर दिया है और इसे अपना बना लिया है। यह प्रक्रिया 'चटनीफिकेशन ऑफ इंग्लिश' कही जाती है। इसे रुश्दी, डरेक वॉलकॉट और अन्य लेखकों की रचना पद्धति में देखा जा सकता है। भारतीय अंग्रेजी जिसमें हिंग्लिश भी शामिल है को अब स्वीकार कर लिया गया है। अब इसे औपनिवेशिक भाषा के तौर पर नहीं देखा जाता। क्योंकि इसका भारतीयकरण हो गया है। जैसा कि रुश्दी (1992) कहते हैं अंग्रेजी को जीत लेना अपने को आजाद करने की प्रक्रिया को पूरा करना है। अन्यों का सुझाव है कि अंग्रेजी बौद्धिक मतभेद और प्रतिरोध की भाषा है। डेरिक वॉलकॉट अपनी प्रसिद्ध कविता 'ए फार क्राई फ्राम अफ्रीका' में तर्क देते हैं कि आज द्विभाषावाद उत्तर-औपनिवेशिक समाज की एक स्वीकृत सच्चाई है। मातृभाषाएँ अंग्रेजी से वैसे ही सीख और आत्मसात कर रही हैं जैसे अंग्रेजी मातृभाषाओं से। एक तरह से कहें तो अंग्रेजी का स्थानीयकरण हो रहा है।

अध्याय तीन
मानविकी : वृत्तांत और चित्रण

अध्याय की रूपरेखा

- यथार्थ और उसका चित्रण
- विचार वृत्तांत्मक रूप में
- साहित्य, दर्शन और इतिहास में वृत्तांत
- पाठ और संरचना

प्रमोद के. नायर लिखते हैं–मैं अपने पाठकों को कहानी कैसे सुनाऊँ? अपने तर्कों के माध्यम से श्रोताओं को कैसे यकीन दिलाऊँ? मैं किसी घटना का बयान कैसे करूँ? यह सवाल हर लेखक, कहानीकार, दार्शनिक, माता एवं बच्चों को अक्सर परेशान करते हैं। खासकर तब जब ऐसे लोगों को जिन्हें अपनी बात दूसरों तक संप्रेषित करनी हो, बयां करनी हो या पहुँचानी हो कि कोई चीज कहानी है या तर्क या चुटकुला है या सिद्धांत है या वर्णन/चित्रण। अलग-अलग विधाओं के लिए संप्रेषण के तरीके भी अलग होते हैं। प्राचीन यूनानी दार्शनिक प्लेटो ने कविता की प्रकृति और इसके कार्यों पर सवाल उठाया है कि इससे क्या होगा। इसकी क्या जरूरत है? आख्यानात्मक कल्पनाएँ सत्य से दूर होती हैं इसलिए इसकी जरूरत नहीं है। हिन्दूगाथा में राम की कथा सुनाने के लिए महाकाव्य जैसी साहित्यिक विधा को अपनाया गया। बाइबिल में लघुकथाओं और भजनों का इस्तेमाल हुआ है। इस्लामी परंपरा में धार्मिक विषयों और भावनाओं को प्रोत्साहित करने के लिए कविता इस्तेमाल की गई है। समकालीन समय में देखें तो भारत के वित्तमंत्री सालाना बजट भाषण के माध्यम से स्पष्टीकरण, उम्मीद और अर्थशास्त्र के विचार भी प्रकट करते हैं। अदालत में वकील यह तर्क पेश करते हैं कि किसकी कहानी ज्यादा स्वीकार करने योग्य है। लेखक युद्ध की विभीषिका को दर्शाने के लिए यथार्थवादी विवरण

का सहारा लेता है। दूसरा लेखक, अपनी कहानी में शहर में व्याप्त भ्रष्टाचार से निपटने के लिए महानायक जैसे चरित्र गढ़ता है। इन सभी में एक चीज महत्त्वपूर्ण और समान है वह है—**'वृत्तांत का आख्यान'।**

फेलेन की मानें तो वृत्तांत्मक आख्यान किसी व्यक्ति द्वारा किसी दूसरे व्यक्ति से किसी अवसर पर किसी उद्देश्य से यह कहना है कि कुछ घटित हुआ है। यह किसी घटना, चरित्र और 'क्या हुआ' का एक क्रमिक अंदाज में चित्रण है। जहाँ यह सिलसिला किसी क्रमवार घटना का कारण या प्रभाव हो सकता है। वृत्तात्मक आख्यान या वृत्तांतकथा बातचीत का एक तरीका है। अतः वृत्तांतकथा संप्रेषण कार्य है। जहाँ घटनाएँ या चरित्र और जो घटित हुआ है—को किसी के द्वारा किसी अन्य को भाषा के माध्यम से संप्रेषित किया जाता है। वृत्तांत्मक आख्यान सिद्धांत और वृत्तांत विज्ञान उन तरीकों या माध्यमों से संबंधित है जिसमें संप्रेषण कार्य संपन्न होता है। प्रसिद्ध लेखक अज्ञेय का कहना था भाषा अपने आप में कोई चीज नहीं है अगर वह संदेश को संप्रेषित नहीं करती है। असल चीज है संप्रेषण।

यह चित्र वृत्तांत्मक आख्यान की प्रक्रिया को दर्शाता है। सर्वप्रथम इसे 1978 में सी मॉर चैटमैन ने निर्मित किया था—

वास्तविक लेखक→ अंतर्निहित लेखक→कथावाचक (नैरेटर)→कथाग्राही (नैरेटी) →अंतर्निहित पाठक →वास्तविक पाठक

वृत्तांत कथा है—

- चिह्नों (शब्दों, ध्वनियों, दृश्यों, मुद्राओं) का विशेष क्रम में चित्रण का कार्य
- शब्दों, ध्वनियों, मुद्राओं, चित्रों एवं उसके आपसी संबंधों के प्रयोग से हमारी दुनिया को देखने और उस ढाँचे की व्याख्या करने का तरीका।
- भाषा की व्याख्या है क्योंकि ध्वनि, शब्द, मुद्राएँ, चिह्न हैं। जो भाषा के प्रमुख गुण के रूप में प्रयुक्त होते हैं।

वर्ष 1960 से साहित्यिक सिद्धांतों, दर्शन यहाँ तक कि इतिहास, नृतत्वशास्त्र और अन्य सामाजिक शास्त्रों ने लेखन और अन्य अभिव्यक्ति के तरीकों पर ज्ञान की विभिन्न शाखाओं के माध्यम से विचार करना एवं जाँचना शुरू किया। इस दौरान उपन्यासों, इतिहास की सामग्री, नृतत्वशास्त्रीय रिपोर्ट और दर्शनशास्त्र में व्याख्या के तरीकों पर बात की गई। 'बातचीत की शैली' से हमारा तात्पर्य लेखन के दायरे में उसके अंदाज, शैली, व्याख्या, परिकल्पना, साक्ष्य और तर्क से है। इन सभी को मिलाकर ही वर्णन (वृत्तांत) कहा जाता है। इस लिहाज से 1960 के दशक को 'वृत्तांत्मक आख्यान' का दौर कहा जा सकता है।

वृत्तांत्मक आख्यान के इस दौर में समीक्षकों ने यह तर्क दिया कि मानवीय रचनात्मक यथार्थ कुछ समान सांस्कृतिक चीजों पर आधारित होते हैं। राष्ट्रीय ध्वज, ट्रैफिक सिग्नल, लोकप्रिय फिल्में और नेताओं के भाषण आदि के संदर्भ में समान सांस्कृतिक वृत्तांत रचे गए हैं।

यथार्थ और/उसका चित्रण

संज्ञानात्मक विज्ञान जैसे कुछ विज्ञानों के अनुसार यथार्थ हमारी चेतना के जरिए तंत्रात्मक संयोजनों का शारीरिक काम है। हम जो भी देखते हैं और उसकी व्याख्या करते हैं वह हमारे सांस्कृतिक तत्वों से प्रभावित होता है। जेरोमी ब्रूनर ने एक महंत्त्वपूर्ण लेख 'यथार्थ की वृत्तांत्मक निर्मिति' (1991) में तर्क दिया है कि मनुष्य अपने अनुभवों और स्मृतियों को व्याख्यात्मक स्वरूप में किंवदंती, माफी, तर्क के तौर पर किसी काम को करने या न करने के लिए इस्तेमाल करता है। इसके लिए सांस्कृतिक परंपराओं के ऊपर एक खास तौर के अधिकार की आवश्यकता होती है ताकि इस सफाई को प्रस्तावित या स्वीकार किया जा सके। किसी व्याख्या में से किसे माना जाए या किसे नहीं यह सीधे तौर पर किसी व्यक्ति का विकल्प नहीं हो सकता बल्कि यह दीर्घकालीन सामाजिक परंपराओं का नतीजा है। वृत्तांत कथा यथार्थ के ही प्रकार हैं। जिसकी स्वीकार्यता सामाजिक परंपराओं और व्याख्या या अर्थनिर्णय के आम अभ्यास से तय होती है।

अन्य शब्दों में यथार्थ हमारे पास संप्रेषण के कार्य, वृत्तांत्मक आख्यान, स्मृति, इतिहास, आत्मकथा, जीवनी, कहानी, साहित्य, विज्ञापन, प्रचार, भाषण और कई जरियों से आती है।

चित्रण के जरिए यथार्थ को दो में से किसी एक तरीके से पाया जा सकता है।

1. अनुकरण—यूनानी दार्शनिक प्लेटो और अरस्तू ने सबसे पहले अनुकरण पर विचार किया। प्लेटो का तर्क था कि यदि कोई कवि बिस्तर या पलंग का वर्णन करता है तो वह यथार्थ नहीं है क्योंकि उसकी दृष्टि में यथार्थ वह है जो ईश्वरकृत है। परम सत्य या विचार (ओबसोल्यूट) को प्लेटो यथार्थ कहता है। बढ़ई पलंग का निर्माण करता है तो वह सत्य यानी ईश्वरकृत पलंग का अनुकरण है। कवि स्वयं पलंग को बना नहीं सकता। वह बढ़ई द्वारा बनाए गए पलंग का अनुकरण करता है। या वर्णन करता है। इस प्रकार कवि निर्मित पलंग अनुकरण का अनुकरण है। यहाँ प्लेटो अनुकरण के स्तरों की बात करता है। यानी अनुकरणात्मक बिस्तर मूल बिस्तर के कितने करीब है। प्लेटो का तर्क है कि कवि जितना अच्छा होगा यथार्थ के उतने ही करीब होगा।

अरस्तू ने इस तर्क में परिवर्तन किया। उनका मानना है कि कवि का काम सिर्फ सत्य या यथार्थ का अनुकरण करना नहीं है। बल्कि यथार्थ को विकसित करना है। लिहाजा कला का काम किसी वस्तु को सौंदर्यात्मक पूर्णता देना है। अरस्तू का यह भी मानना था कि अनुकरण का महत्त्वपूर्ण उद्देश्य होता है। यह उद्देश्य बहुत ही उपयोगी है। जब किसी दुखांत नाटक में मानव जीवन की नकल उतारी जाती

है तो इससे मानव स्वभाव के बारे में कई सच सामने आते हैं। अनुकरण हमें मानव जीवन की वास्तविक संच्चाइयों से अवगत कराता है। जो हमारे जीवन के अनुभवों को समझने में सहायक है। इस अनुभव को कैथारसिस या भाव विरेचन कहते हैं। कैथारसिस अनुकरण के प्रभाव में संभव होता है।

वृत्तांत के प्रतिरूपात्मक तरीके में यह महत्त्वपूर्ण है कि इसमें मानव जीवन की विभिन्न सच्चाइयों को दर्शाया जाए। मंच पर नाटक के जरिए मानव स्वभाव और उसके जीवन के खुलासे किए जाएँ। ठीक वैसे ही जैसे चार्ल्स डिकेंस के उपन्यासों में वृहद चित्रण है। इस तरह कह सकते हैं कि अनुकरण यथार्थ का सीधा निरूपण या चित्रण है।

2. डायजेसिस को हम अनुकरण के विलोम रूप में समझ सकते हैं। किसी उपन्यास या कहानी में लेखक हमें सीधे घटना का वर्णन करके यह दर्शा सकता है कि कोई चरित्र कैसा महसूस कर रहा है और क्या सोच रहा है इसे ही माइमेसिस कहते हैं। जबकि उपन्यासकार घटना को परोक्ष रूप से पेश करने का विकल्प भी चुन सकता है। कथावाचक कहानी सुना सकता है और उन चरित्रों की भावना और सोच के बारे में विचार हम पर छोड़ सकता है। यहाँ नैरेटर या कथावाचक का काम सिर्फ घटना की ओर ध्यान दिलाना है और सच को ढूँढ़ने की चुनौती उसने हम पर छोड़ दी है। कहानी कहने का यह तरीका माइमेटिक यानी अनुकरण करने के तरीके से एकदम अलग है। वहाँ दर्शक, श्रोता, पाठक को मानव जीवन की उस सच्चाई का पता लगाना है जिसकी उन्होंने व्याख्या सुनी है। डायजेसिस यथार्थ का परोक्ष वर्णन या पुनर्वर्णन है।

अतः मानना उचित नहीं है कि हर तरह के वृत्तांत या तो माइमेटिक यानी अनुकरण होते हैं या डायजेटिक यानी परोक्ष। अधिकतर वर्णनों में स्थिति, चरित्र और घटनाक्रम प्रत्यक्ष होता है पर जब सूत्रधार या कथावाचक यह कहता है कि वह बुरा व्यक्ति है तो यह माइमेटिक यानी प्रत्यक्ष है। और जब कथावाचक या सूत्रधार किसी व्यक्ति की गतिविधि को किसी व्याख्या के बगैर कि वह अच्छा है या बुरा वर्णन करे तथा पाठक को अनुमान लगाना पड़े कि वह चरित्र अच्छा नहीं है तो यह परोक्ष वर्णन है जिसे डायजेसिस कहा जाता है।

कोई भी चित्रण (वह माइमेटिक हो या डायजेसिस) वह प्रक्रिया है जिसके जरिए वस्तु, व्यक्ति, घटना, और विचार को किसी माध्यम में रचा जाता है। यह माध्यम मुद्रित, दृश्य, गीत, संगीत, संकेत, लेखन और चिह्न कुछ भी हो सकता है। चित्रण या रेखांकन की प्रक्रिया के द्वारा लोग, वस्तुएँ एवं घटनाएँ तभी अर्थ पाते हैं जब विशिष्ट भाषा प्रयोग पद्धति एवं व्याख्या शैली का उपयोग किया जाता है।

चित्रण या निरूपण ऐसी पदावली है जो इस संरचना के दो पहलुओं को व्याख्यायित करती है–

- ऐसी प्रक्रिया जिसके जरिए किसी घटना, विचार, व्यक्ति को एक माध्यम में परिभाषित एवं वर्णित किया जा रहा हो
- इस प्रक्रिया के अंत में अर्थ की व्युत्पत्ति होती है।

उदाहरण के लिए भौतिक वस्तु के रूप में पेड़ को लिया जा सकता है। इस पेड़ को कई माध्यमों यथा फिल्म, प्रिंट, शब्द, पांडुलिपि आदि में व्यक्त किया जा सकता है/दिखाया जा सकता है। तस्वीरों, शब्दों (भूरा, सजीव पौधा, ऊँचा, पत्तियों वाला, फूलों व फलों वाला), फोटोग्राफ्स आदि में दिखाया/वर्णित किया जा सकता है। सच्चाई यह है कि भौतिक पेड़ तस्वीरों, शब्दों या फिल्मों में नहीं है। लेकिन हमें सिर्फ उस पेड़ की पहचान करनी है। चाहे वह पेड़ उस पेंटिंग, तस्वीर या शाब्दिक वर्णन के पास तुलना के लिए मौजूद हो या न हो। हमारे लिए पेड़ की पहचान पेंटिंग, शब्द और फिल्मों के जरिए रची गई है। पेड़ की पहचान की व्युत्पत्ति संरचनात्मक प्रक्रिया के नतीजे हैं। लिहाजा पेड़ की पहचान या उसका यथार्थ हमें शब्दों, पेंटिंग आदि के चित्रण के जरिए मिलती है। संक्षेप में, ये पेड़ के ऐसे चित्रण होते हैं जो भौतिक पेड़ के यथार्थ को हम तक पहुँचाते हैं।

हमारे लिए यह समझना जरूरी है कि भले ही पेड़ के बारे में हमारा अनुभव वास्तविक पेड़ के बारे में उन प्रत्ययों (चिह्न संहिताओं) पर आधारित है जिन्हें हमने भाषा और अध्ययन (अध्ययन से मतलब सिर्फ मुद्रित शब्दों से नहीं बल्कि फिल्म, संगीत, ट्रैफिक संकेत, चेहरे के हाव-भाव, बोलने के अंदाज आदि भिन्नताओं के चिह्नों की व्याख्या से है) के द्वारा विकसित किया है। चिह्न संहिता (कोड ऑफ पर्सेप्शन)/प्रत्ययों से हमारा मतलब चित्रण, भाषा और चिह्नों/संकेतों से है जिन्हें हमने कई वर्षों में सीखा है और जिससे एक ढाँचा बन गया है जिसके अंतर्गत हम यथार्थ को 'पढ़' सकते हैं। इसे अलग तरीके से कहें तो वास्तविक दुनिया के बारे में हमारे अनुभव हमें इसलिए मिलते हैं क्योंकि हमारे पास एक तैयार भाषा है। चिह्नों की एक व्यवस्था है। वर्णन के लिए और समझने के लिए शब्द हैं। उदाहरण के लिए हम किसी पेड़ को इसलिए पेड़ के तौर पर पहचानते हैं क्योंकि हमारे पास शब्द हैं, एक पद और उसका अर्थ जिन्हें हम पहले से जानते हैं। कोई भी चित्रण यथार्थ (वास्तविकता) और हमारे बीच मध्यस्थता का काम करता है।

सभी तरह की वास्तविकताओं को हमारे मस्तिष्क और संवेदनाओं तक पहुंचाने के लिए भाषा और शब्दकोश की जरूरत होती है। इसका मतलब यह है कि हम जिसे सत्य मानते हैं वह सीधे तौर पर सच्चे मूल्यों से जुड़ा हो साथ ही उस यथार्थ का चित्रण करता हो। सत्य किसी घटना या व्यक्ति में अंतर्निहित नहीं है। सत्य चित्रण या वर्णन की ताकत है जिससे किसी व्यक्ति, घटना या विचार को 'सत्य' माना जा सकता है।

चित्रण से अस्मिता का निर्माण होता है। इसी से सामाजिक व्यवहार प्रभावित

होता है। इसकी वजह यह है कि सामाजिक व्यवहार अस्मिता पर आधारित है। मिसाल के तौर पर जब भी मजदूर वर्ग के लोगों का चित्रण किया जाता है उन्हें हमेशा निठल्ला, गंदा, अपराधी, सुस्त, अनैतिक दिखाया जाता है। नतीजतन जो भी कानून बनाए जाते हैं उनका उद्देश्य श्रमिकों को नियंत्रित करना और उसमें सुधार करना होता है। यहाँ मजदूर वर्ग के चित्रण को महत्त्व देकर मूल्य और सत्य के तौर पर व्यवहार में लाया जाता है। पर यह कोई नहीं पूछता कि क्या मजदूर वर्ग सच में ऐसा है? सच्चाई यह है कि चंद लोगों के आधार पर सभी मजदूरों का ऐसा चित्रण कर दिया जाता है। इसी तरह महिलाओं को लैंगिक रूप से कमजोर, बच्चों को मासूम, अश्वेत नस्ल और दलितों को नीचा दिखा दिया जाता है और यही उनकी पहचान बन गई है। आजकल हिन्दी फिल्मों में हम देख सकते हैं सरदारों को हास्यास्पद रूप में प्रेजेंट किया जा रहा है, दक्षिण भारतीय स्त्रियों को नौकरानी के रूप में। इसे ही नोशन बना लिया जाता है। बगैर सवाल उठाये इसे लगातार चित्रित किया जाता है। जबकि सच इसके बाहर है। यह समीकरण कुछ इस प्रकार होगा—

चित्रण/निरूपण→दिया गया पहचान→और दिए गए पहचान/अस्मिता को सच की तरह लेना

इसे दूसरे तरीके से देखें तो सच्चाई की व्याख्या तब होती है जब इसकी प्रस्तुति या चित्रण होता है। चित्रण की प्रक्रिया के माध्यम से किसी पेड़, व्यक्ति, वर्ग/समूह या किसी घटना के प्रतीकात्मक या आरोपित अर्थ प्राप्त होते हैं।

स्त्रियों, बच्चों और मजदूर वर्ग या दलितों-आदिवासियों को खास तरीके से से चित्रित/वर्णित किया जाता है, जिससे उनके बारे में कुछ खास 'सच' स्थापित होते हैं। इसका मतलब यह है कि यथार्थ की रचना उन अर्थों के इर्द-गिर्द होती है जो उनके बारे में पैदा की जाती और 'तय' किए जाते हैं। नागरिकता, अधिकार, कल्याण, इलाज, मतदान, जैसे यथार्थ हमारे पास इसलिए हैं क्योंकि हमारी अस्मिता की स्वीकृति और वैधता है। मैं जो पहचान पत्र लेकर चलता हूँ, वह मेरा, मेरे व्यक्ति, लिंग, स्थान, चेहरे, व्यवसाय और जुड़ाव का प्रतिनिधित्व करता है। यह कार्ड जहाँ मैं काम करता हूँ, जिन छात्रों को पढ़ाता हूँ, उनके आवेदन पत्रों पर दस्तखत करता हूँ, उस विश्वविद्यालय का प्रतिनिधित्व करता है और उसके लिए प्रामाणिक बनाता है। संक्षेप में, पहचान पत्र में मुझे, घोषित किया गया है कि मैं वही व्यक्ति हूँ जिसे प्रमाणित किया जा रहा है। यह मुझे पहचान देता है और मेरे यथार्थ को दुनिया के लिए रचता है।

1970 के उत्तरार्द्ध में उपन्यासकारों ने यथार्थ चित्रण के संबंध में नए प्रयोग करने शुरू किए। शुरुआती दौर में यथार्थवादी उपन्यासों में दुनिया और इसके चरित्र को बहुत ही स्पष्टता से दिखाया गया। उपन्यास इस मायने में 'सच' था क्योंकि इस पर भरोसा करने को कहा गया था और इसमें कहीं भी ऐसा नहीं था कि यह काल्पनिक है। बाद में थॉमस स्कोन, डोनाल्ड बरथेलमे, ग्राहम स्वीट, जॉन बार्थ और

मार्टिल एमिस ने कुछ दिलचस्प किया। एक तरफ तो उन्होंने उपन्यासों में हमें चरित्रों का संसार दिया और दूसरी तरफ उन्होंने अपनी लेखनी की गतिविधि को उद्घाटित किया। एक लेखक ही है जो वृत्तांत्मक कथा में दो तरह की बातें स्पष्ट करता है—

- उपन्यास में दुनिया का वर्णन ऐसे किया जाता है जैसे वह सच हो
- साथ ही यह भी स्पष्ट करता है कि उपन्यास का संसार अब भी काल्पनिक है।

उत्तर-आधुनिक उपन्यासों में लेखक हमें उपन्यास का संसार ऐसे देता है मानो वह सच हो लेकिन साथ ही संसार की इस वास्तविकता के बारे में सवाल उठाने का भी आग्रह करता है। उत्तर-आधुनिक उपन्यास विश्व का प्रतिनिधित्व करता है लेकिन प्रतिनिधि चित्रण की महत्त्वपूर्ण गतिविधियों, कार्यों पर ध्यान देने को कहता है। जिसे तकनीकी तौर पर 'सेल्फ रिफ्लेक्टिविटी' (आत्मपरीक्षण) कहा जाता है। उदाहरण के तौर पर इटालो कैल्विनो का उपन्यास 'इफ ऑन ए विंटस नाइट ए ट्रेवलर' को लें। इसमें यह बताया गया है कि कैसे पढ़ा जाए? कोई उपन्यास कैसे पढ़ा जाए? उपन्यास क्या है वगैरह वगैरह। इसमें लेखक हमारा ध्यान उपन्यास लेखन और उपन्यास पढ़ने की तरफ खींच रहा है। बाद में यह उपन्यास और जटिल हो जाता है। अध्यायों में जो विषम अंकों का वर्णन है वे 'द्वितीय पुरूष' के अंदाज में है। इसमें पाठक से यह कहा गया है कि वह अगले अध्याय को पढ़ने की तैयारी कर रहा है। सभी सम संख्या वाले अध्याय दूसरे उपन्यास के प्रथम अध्याय हैं। यह एक दिमागी कसरत है जो कैल्विनो अपने पाठक से खेल रहे हैं पर वह यह कहना चाहते हैं कि साहित्य को साहित्य सृजन के अभ्यास के रूप में भी उपयोग किया जा सकता है। इस तरह उपन्यास के बारे में जरूरी सवाल इस प्रकार उठाया गया है—

1. उपन्यास को कैसे लिखा जाए
2. उपन्यास को कैसे पढ़ा जाए

उत्तर-आधुनिक उपन्यास कुछ नया और अलग करते हैं। इसमें ऐतिहासिक वास्तविकताओं को काल्पनिक ऐतिहासिकता के साथ घालमेल कर पेश किया जाता है। इसका अच्छा उदाहरण सलमान रुश्दी का उपन्यास 'मिड नाइट चिल्ड्रेन' है। यहाँ सलीम सिनाई कहता है कि युद्ध इसलिए हुआ क्योंकि उसका दिमाग युद्ध के सपने देखता था। वह यह कह रहा है कि असली युद्ध उसकी कल्पनाओं का नतीजा है। यहाँ ऐतिहासिक वास्तविकता को काल्पनिकता में इस तरह मिला दिया गया है कि हम उसे अलग नहीं कर सकते। यह रणनीति हमें सभी तरह के प्रतिनिधित्वों की फिसलन प्रवृत्ति के बारे में सावधान करती है।

चिंतन के वृत्तांत्मक प्रकार

चिंतन की प्रक्रिया ने हमेशा वैज्ञानिकों और दार्शनिकों को आकर्षित किया है। मानव मस्तिष्क कैसे सोचता है और कैसे कल्पना करता है–यह हमेशा से चिंतन के विषय रहे हैं। सांस्कृतिक मनोवैज्ञानिक जैरोमी ब्रूनर के अनुसार चिंतन के दो मुख्य तरीके होते हैं–तार्किक वैज्ञानिक और वृत्तांत्मक। तार्किक वैज्ञानिक तरीके में हम यदि और तब यानी कारण और प्रभाव के क्रम में देखते हैं। जैसे कि यदि 'एक्स' तो फिर 'वाई'। यदि 'क' तो फिर 'ख'। वृत्तांत्मक तरीके में हम इस तरह पढ़ते हैं–'एक्स' और 'वाई'। इसमें हम दोनों के बीच अस्थाई संबंध बनाते हैं। उदाहरण के तौर पर हम विचार कर सकते हैं–

'राजा मर गया, फिर फिर रानी भी उसके दुख में मर गई'।

तार्किक वैज्ञानिक दृष्टि से देखें तो रानी इसलिए मरती है क्योंकि राजा मर गया था। इससे स्पष्ट तौर पर कारण और प्रभाव का क्रम बनता है। वृत्तांत्मक तरीके में इसी घटना को इस तरीके से रखा जा सकता है–

'राजा मरा और फिर रानी भी मर गई'

इसमें स्पष्ट तौर पर कोई कारण-प्रभाव संबंध नहीं बनता है। क्या रानी की मौत राजा की मौत का नतीजा थी–इसे पाठक की कल्पना के किए खुला छोड़ दिया गया है। चिंतन के वृत्तांत्मक तरीके के मुख्य बिन्दु इस प्रकार हैं–

- वृत्तांत्मक चिंतन का उद्देश्य सत्य स्थापित करना नहीं है बल्कि इसमें संभावनाओं और समानताओं पर विचार होता है।
- यह प्रणाली तर्क और विवेक से काम नहीं करती बल्कि संबंधों पर चलती है।
- यह विशिष्ट परिस्थितियों और अनुभवों से जुड़ी हैं न कि सार्वभौम सत्य से। हालाँकि तार्किक वैज्ञानिक प्रणाली में विरोधाभासों की जगह नहीं है। परंतु विवेचनात्मक या वृत्तांत्मक प्रणाली में विरोधाभासों का स्थान है।
- वृत्तांत्मक या विवेचनात्मक प्रणाली की जड़ें संदर्भ में निहित हैं। क्योंकि इसका मानना है कि अर्थ की उत्पत्ति संप्रेषण और चित्रण के संदर्भ विशेष में अवस्थित होती है।

वृत्तांत्मक चिंतन प्रणाली में कोई भी वाक्य या अभिव्यक्ति में हमेशा सार्वभौम सत्य होने का दावा नहीं किया जा सकता। किसी वक्तव्य के सत्य का मूल्यांकन उस संदर्भ पर निर्भर करता है जिसमें ऐसा कहा गया या बोला जाता है। उदाहरण के तौर पर किसी ऐसी क्लास की कल्पना कीजिए जिसमें पढ़ाई हो रही है। शिक्षक पूछता है कि कोई यह बता सकता है कि विलियम वर्ड्स्वर्थ की बहन डोरोमी वर्ड्स्वर्थ ने अपने पत्रों में अपने भाई के बारे में क्या कहा था? अगर कोई यह जवाब दे कि 'मेरे माता-पिता ने मुझसे यह कहा है कि दूसरों के पत्र नहीं पढ़ने चाहिए' तो हमारे

समक्ष यहाँ सार्वभौमिक व्यवहार 'दूसरों के पत्र न पढ़ें' का उदाहरण सामने आता है। कविता या रचना को बेहतर तरीके से समझने के लिए पत्र को पढ़ा जाना जरूरी है लेकिन यहाँ सार्वभौम सत्य का इस्तेमाल गलत संदर्भ में किया जा रहा है। यहाँ व्यवहार और हिदायत 'दूसरों का पत्र न पढ़ें' ये दोनों बातें हर काल के लिए एक जैसी नहीं हो सकतीं। इसका लेखन और वाचन में संदर्भ विशेष पर आधारित मतलब है।

विवेचनात्मक या वृत्तात्मक चिंतन वह अभ्यास है जिसे हम अपने जीवन में तब अपनाते हैं जब हमें अपने दूसरों के अतीत की जानकारी जुटानी होती है। जब हम अपने अतीत में वैसी घटनाओं को देखते हैं तो हम उन पर कोई नियम लाद देते हैं। हम घटना क्रम में कथा वस्तु ढूँढ़ते हैं। हम उन पर कारण और प्रभाव या धारावाहिक तर्क लागू करते हैं। हम ऐसा इसलिए करते हैं क्योंकि बिना तरीके के हम अपने उद्देश्य के लिए इन घटनाओं को सिलसिलेवार नहीं रख सकते—

1. वैचारिक वृत्तांतों के माध्यम से अतीत की घटनाओं पर नियम लादते हैं।

2. कोई ऐसा तर्क ढूँढ़ते हैं जिसमें विभिन्न असामयिक घटनाओं को आपस में जोड़ा जा सके और

3. आत्मबोध को संपूर्णता एवं व्यवस्थित रूप में पाना न कि खंडित रूप में।

चिंतन के वृत्तांत्मक तरीका पाठकों के बीच अंतराल लाने के बजाय उन्हें दूरी पाटने के लिए प्रेरित करता है। ताकि वे अपनी कल्पनाओं को साकार कर सकें। वह जैसा सोचते हैं उसके हिसाब से तरीका विकसित कर सकें पर इसके साथ ही इसमें पाठकों को उन तथ्यों के बारे में अटकलें लगाने की छूट देता है। उदाहरण के तौर पर—

1. पृथ्वी गोल है परंतु ध्रुवों पर चपटी है।

यहाँ तथ्यों को निर्धारित कर दिया गया है। इसमें विवाद की कोई गुंजाइश नहीं है। क्योंकि विज्ञान में सभी चीजों को ज्ञात करा दिया जाता है आकारों-प्रकारों या तथ्यों सहित अतः विज्ञान में कल्पनाओं के लिए कोई जगह नहीं है। अब इस वाक्य को देखें—

2. पृथ्वी गोल है पर वह पूरी तरह से गोल नहीं है। बल्कि कभी-कभी किसी क्रिकेट की गेंद की तरह हो जाती है जो ठोकर लगने के बाद अपना आकार खो देती है। और चपटी हो जाती है।

उसी तरह यहाँ हम देखते हैं कि वृत्तांत्मक चिंतन के तरीके की शुरुआत हो चुकी है। इस वाक्य से एक तथ्य पता लगता है कि पृथ्वी गोल है परंतु पूर्ण नहीं। यहाँ पाठकों से यह उम्मीद की जा रही है वे अपनी कल्पना में पृथ्वी के चपटेपन को समझने के लिए गेंद के चपटेपन के बीच तुलना करे। यहाँ वृत्तांत्मक चिंतन का तरीका स्थापित है। या कहें लागू किया गया है। क्योंकि इसमें पाठकों से संपर्क और कल्पनाओं का पता लगाने के लिए तरीके विकसित करने को कहा गया है।

साहित्य, दर्शनशास्त्र और इतिहास में वृत्तांत

साहित्यिक पाठ काल्पनिक घटनाओं को प्रस्तुत करता है। इतिहास, अतीत की उन बातों का लेखा-जोखा है जो वास्तव में घटी हैं और दर्शनशास्त्र भावात्मक और ठोस बातों पर विचार करता है।

साहित्य में वृत्तांत

साहित्य में वृत्तांत उसकी कथा, कथानक और घटनाओं के क्रम से मिलकर बनता है जो घटनाओं को उजागर करने का काम करती है। वृत्तांत की इस प्रक्रिया को तकनीकी तौर पर 'डाइजेसिस' (परोक्ष) यानी कहानी सुनाने की कला कहते हैं। वृत्तांत सिद्धांत तीन तत्वों—(लेखक, पाठ और पाठक) पर केंद्रित है।

लेखक

वास्तविक लेखक कहता है हेनरी फिल्डिंग ने अपने उपन्यास 'जोसेफ एंड्रयू' और दूसरे उपन्यासों में लेखक की भूमिका को स्पष्ट किया है। लेकिन यह हाड़-मांस का वही सांसारिक फिल्डिंग नहीं है जिसे उसने उपन्यासों और किताबों में बतौर मॉडेल रचा है। उदाहरण के तौर पर विभिन्न लेखक अपने लेखन में कुछ प्रारंभिक नोट देते हैं। अपनी जीवनियाँ भी लिख देते हैं ताकि कथानक की भौगोलिक स्थितियाँ समझी जा सकें। फिर उसमें यह सूचना भी होती है कि उन्होंने फलां किताब क्यों लिखी। किताब के तथ्यों पर हम मान लेते हैं कि फिल्डिंग ही वास्तविक लेखक है। हम उस ऐतिहासिक व्यक्ति को उस व्यक्ति से जोड़ देते हैं जिसने वास्तव में किताब को लिखा है। हम उस लेखक की छवि को किताब के तत्त्वों से निर्मित करते हैं। यही गूढ़ लेखक है। जिसकी अवधारणा वाने सी बूथ ने सबसे पहले अपनी पुस्तक 'द रेटोरिक ऑफ फिक्शन' (1951) में सूत्रबद्ध किया था।

पर एक व्यक्ति ऐसा भी है जो उपन्यास के अंदर कहानी सुना रहा है। उपन्यास के अंदर इस तरह कथा कहने वाला कथावाचक कहलाता है। कथावाचक सत्य और उपन्यासकार के साथ सशरीर खड़ा रहता है या उपन्यासकार की आवाज होता है।

कथावाचक कई तरह के होते हैं। उनमें से हरेक को वृत्तांत्मक सिद्धांत, विशेष नामावली तथा पद से जाना जाता है।

1. ऐसा कथावाचक जो कहानी से बाहर है उसे उसके वृत्तांत को (वर्णन को) 'हेट्रोडायजेटिक कथावाचक' कहते हैं। इस प्रकार का वृत्तांत आमतौर पर तीसरे पक्ष का या सार्वजनिक/सर्वज्ञ कथावाचक कहलाता है। यहाँ घटना कथावाचक के नाक के नीचे घटी है। वह ब्रह्म की तरह है जो बिना दखल दिए जो भी हो रहा है उसे

देख रहा है।

2. कई बार हेट्रोडाइजेटिक कथावाचक अन्य चरित्रों के बारे में कहानी सुना सकता है (ऐसी कहानी जिसमें वह न हो)। इसमें वह उन घटनाओं का प्रत्यक्षदर्शी है जो उसके इर्द-गिर्द घटी हैं। यह घटनाएँ हेट्रोडायजेटिक इंट्राडायजेटिक कथावाचक (अंतःकथावाचक) कहलाता है।

3. जहाँ कोई ऐसा व्यक्ति जो खुद ही कहानी का चरित्र है—कहानी सुनाता है तो वह कथावाचक होमोडायजेटिक (प्रथम पुरुष कथावाचक) कहलाता है। होमोडायजेटिक का मतलब है किसी व्यक्ति द्वारा अपने को सुनाना।

4. होमोडायजेटिक कथावाचक अपनी आपबीती ऐसे सुनाता है जैसे वह कोई (आइडियोजेटिक) आत्मकथाकार हो। आइडियोजेटिक कथावाचक आमतौर पर आत्मकथाओं में दिखाई पड़ते हैं।

साहित्यिक वृत्तांत

20वीं सदी में साहित्यिक वृत्तांत की संरचना को खोलने का पहला प्रयास रूसी संरचनावादियों के एक समूह ने किया। संरचनावादियों ने साहित्यिक वृत्तांत को फेबुला और सुजेट इन दो विधाओं में बाँट दिया ताकि जो भी घटनाएँ हों वह सच्ची लगें—

राजा की मृत्यु हो गई। रानी भी मर गई। साम्राज्य का पतन हो गया।

यह कहानी है। सुजेट साहित्यिक तकनीक है जो कथावस्तु के विकास, घटनाओं का क्रम तथा तार्किक क्रम को स्थापित करता है। जिससे उसका कोई अर्थ निकले। कारण-प्रभाव उत्पन्न करने के लिए वृत्तांत में एक तार्किक क्रम होना जरूरी है।

राजा की मृत्यु हो गई, रानी दुखी थी इसलिए वह भी मर गई क्योंकि दोनों की मृत्यु हो गई थी इसलिए साम्राज्य में कोई नेतृत्व नहीं रह गया और वह ढह गया।

यह कथावस्तु है। फेबुला यानी कहानी और सुजेट यानी कथावस्तु में अंतर यह है कि पहला घटनाओं को उस क्रम में प्रस्तुत करता है जिसमें वह घटी है और सुजेट कारण, प्रभाव एवं कारकों की क्रमिक व्याख्या करता है। कहानी वह वास्तविक घटनाक्रम है जिनमें वह घटी है और वह लेखक के लिए कथावस्तु की सामग्री है। कथावस्तु या पृष्ठभूमि घटनाओं की कलात्मक प्रस्तुतीकरण है। कथावस्तु में घटनाओं का दोहराव, पुनर्व्यवस्थित करना/पुनर्रावृति तथा विरोधाभासों को साहित्यिक प्रभाव देने या बनाने की क्षमता होती है। जैसे कथा में असमंजस।

ब्लॉदिमार प्रॉप ने लोककथाओं का विश्लेषण वृत्तांत्मक सिद्धांत के रूप में सूत्रबद्ध किया है। इनमें से लोककथाओं का ब्लॉदिमार प्रॉप द्वारा किया गया विश्लेषण वृत्तांत्मक सिद्धांत को क्रम देने का अभ्यास है। प्रॉप का तर्क था कि

लोककथाओं की कथावस्तु में हर चरित्र का एक खास काम होता है। इसी तरह सभी परिकथाओं को सात ऐसे चरित्र में सीमित किया जा सकता है जो अपनी संपूर्ण कथावस्तु अपने विभिन्न संबंधों और कार्य-कलापों से पैदा कर सकते हैं। ये चरित्र हैं—हीरो, नकली हीरो, खलनायक, सहनायक, राजकुमारी और उसके पिता तथा दूत/संदेशवाहक। ये सभी चरित्र 31 बुनियादी कार्यों में लगे हुए हैं। इन कार्यों में उल्लंघन, साजिश, हीरो का जान, संघर्ष, युद्ध, विजय, वापसी, बचाव, मान्यता, दंड और विवाह भी शामिल हैं। सभी कथावस्तु इन्हीं चरित्रों और गतिविधियों से अलग-अलग संयोजन और अनुपात से तैयार की गई हैं। जब एक चरित्र किसी तरह के कार्यों में संलिप्त होता है तो कथावस्तु उसके साथ आगे बढ़ती है। उसके प्रभाव स्वरूप कथा में दूसरी गतिविधि शुरू हो जाती है। इसे कारण-प्रभाव क्रम कहते हैं।

इस प्रकार विश्लेषण 1940 से लोकप्रिय हुए जब समीक्षकों ने साहित्यिक वृत्तांतों के अंगों पर ध्यान देना शुरू किया। ए.जे. ग्रीमॉस ने साहित्यिक वृत्तांत के लिए एक और फार्मूला दिया। इसमें छह गतिविधियाँ शामिल हैं। यह विरोधाभासों का घालमेल है। इसमें सभी तरह के वृत्तांतों के लिए नियम हैं। ये बातें सभी तरह के वृत्तांतों में हैं :

1. विषयपरक-वस्तुपरक
2. संदेशक-प्रापक
3. सहायक-विरोधी

ये कथावस्तु के तंतु सभी तरह के वृत्तांतों में खास तरह से काम करते हैं। ग्रीमॉस ने वृत्तांत्मकता को तीन तरह से बाँटा था—

1. इच्छा, खोज, लक्ष्य : मूल विषय का निश्चित उद्देश्य हो और वह विशिष्ट उद्देश्य को लेकर आगे बढ़े।

2. संप्रेषण : संप्रेषक के माध्यम से ही मूल विषय का उद्देश्य पूरा होता है जिसमें एक तरह से मूल विषय संप्रेषक द्वारा ही क्रियान्वित होता है।

3. अतिरिक्त सहयोग या बाधा : विषय के उद्देश्य और खोज में सहायक तत्त्वों द्वारा मदद और विरोधियों द्वारा बाधा उत्पन्न की जाती है।

फ्रांसीसी आलोचक रोलां बार्थ का तर्क है कि साहित्यिक कथाएँ जिनका निर्माण विभिन्न चिह्नों जैसे (शब्द जो कि चरित्रों एवं घटनाओं को बनाते हैं) पाँच विभिन्न संहिताओं से प्रभावित होते हैं। ये संहिताएँ निम्नांकित हैं—

1. प्रोरेटिक कोड (रहस्यमूलक संहिता) : इसका संबंध कथा में उस घटनाक्रम से है जिसमें वे घटनाएँ उद्घाटित होती हैं। यह संहिता घटना कैसे घटी और उसके बाद क्या हुआ की शैली क्रम को वर्णित करता है। जो आमतौर पर जासूसी कथाओं, उपन्यासों व रहस्य-रोमांचक आख्यानों में दिखाई पड़ते हैं/प्रयुक्त होते हैं।

2. हमैनुटिक कोड (जिज्ञासामूलक संहिता) : यह वह संहिता है जो कथावस्तु की व्याख्याओं में उभरे क्या हुआ, कैसे हुआ, क्यों और किसके द्वारा जैसे सवालों का जवाब समझने में मददगार हैं।

3. कल्चरल कोड (सांस्कृतिक संहिता) : सामान्य ज्ञान के वे तत्त्व जो हम समाज का हिस्सा होने की वजह से जानते हैं या हमारे इतिहास, संस्कृति और भौगोलिकता की वजह से हमें इनकी जानकारी है। सांस्कृतिक संहिताएँ कहलाती हैं।

4. सेमिक कोड (चिह्नमूलक संहिता) : ऐसी संहिता जो सांस्कृतिक रूढ़ छवि मूलक नियमित तौर पर घटने वाली बातों की तरफ ध्यान खींचे सेमिक कोड है। जैसे सफेद खादी कपड़े पहनने वाले व्यक्ति का गांधी टोपी पहनना एक ऐसा कोड है जिसके लिए किसी सफाई की जरूरत नहीं है। यह स्वयं दर्शाता है। हम तत्काल समझ लेते हैं कि फलां व्यक्ति नेता है।

5. सिंबोलिक कोड (सांकेतिक संहिता) : यह रूढ़ छवियों से आगे विस्तृत अर्थ संकेतों की तरफ ले जाते हैं। मसलन, रात का संबंध बुराई, अपराध और डर से होना। सूर्य या दिन का संबंध ज्ञान और प्रकाश से होना। अँधेरी रात का ख्याल आते ही चमगादड़ याद आते हैं। वह अपशकुन का प्रतीक बन जाता है। यह सब सांकेतिक चिह्न के उदाहरण हैं।

जेरॉल्ड जैनेट साहित्यिक कथा वृत्तांतों की समीक्षा क्षेत्र में एक बड़े विचारक हुए हैं। जैनेट सभी साहित्यिक कथावृत्तांतों/चरित्रों के तीन वर्णनात्मक स्तरों की बात करते हैं।

1. हिस्टवा या स्टोरी : यह वास्तविक घटनाओं व कार्यों का समुच्चय है जिसे कहानी में वर्णन की आवश्यकता पड़ती है। यह सभी कथाओं की अंतर्वस्तु है, जिसे कहानी कहते हैं।

2. रेसी (कहानी का लेखा-जोखा) : यह कहानी कहने का मौखिक या लिखित तरीका है। कथाकार के द्वारा यह हम तक मौखिक वाचन या लिखित रूप में पहुँचती है। इसे हमलोग 'पाठ' (टेक्स्ट) कहते हैं।

3. नैरेटिंग : कहानी कहने की वृहद प्रक्रिया नैरेटिंग कहलाती है। वृत्तांत ही पाठ का निर्माण करता है। चाहे वह लेखक या वक्ता के द्वारा कहा जाए।

उदाहरण के लिए ब्रितानी लेखक उपन्यासकार मेरी शैली के उपन्यास 'फ्रैंकसिंटाइन' में प्रधान पात्र के जीवन के रहस्य की खोज, वैज्ञानिक प्रयोगों के द्वारा शैतान का निर्माण तथा उस शैतान के मुख्य पात्र से बदला, 'हिस्टवा' का एक नमूना है। कथा के संपूर्ण घटनाक्रमों का वर्णन एवं उनका लेखा-जोखा को रेसी या टेकस्ट के माध्यम से प्रदर्शित करते हैं। जहाँ तक वृत्तांतों का सवाल है वाल्टन और फ्रैंकसिंटाइन की भूमिका उपन्यास में कथावाचक के रूप में है जिनके माध्यम से संपूर्ण पाठकों तक पहुँचायी गयी है।

दर्शनशास्त्र में वृत्तांत

दार्शनिक ग्रंथों में कथावृत्तांतों का उपयोग हमेशा आत्मबोध, अस्मिता का निर्माण, समुदाय और राजनीति की खोज के लिए होता है। दार्शनिक ग्रंथ इसलिए रोचक हैं क्योंकि उनका संपर्क इस बात से है कि कथाओं के अंदर अस्मिता की रचना कैसे होती है और एक आत्म दूसरे आत्म से कैसे जुड़े हैं? और यह कहानी तथा आत्म के संबंध को प्रारूपित करती हैं। दर्शनशास्त्र में नैतिक मूल्यों, अस्मिताओं, स्वत्व का अध्ययन कथात्मक शैली में किया जाता है और इसी के माध्यम से व्यक्ति समाज में अपनी अस्मिताओं का निर्माण करता है। दर्शनशास्त्र और कथात्मकता के संबंध का अध्ययन दो स्तरों पर हो सकता है–

1. कथावृत्तांतों पर आधारित दर्शनशास्त्र (दार्शनिक कथानक) और
2. कथा के विभिन्न आयाम जो मनुष्य के अस्तित्व, जीवन और सत्य को समझने तथा स्पष्ट करने में सहायक हैं।

दर्शनशास्त्रीय वृत्तांत

दर्शनशास्त्र अपने तर्कों, तत्त्वों के स्पष्टीकरण के लिए वृत्तांतों का उपयोग और विश्लेषण करता है। दर्शनशास्त्र वाक्पटुता और वक्तृत्व कला है। मिसाल के तौर पर जब प्लेटो ने गुफा के मिथक का उपयोग किया था तो उन्होंने ज्ञान की समस्या के प्रदर्शन के लिए मिथकीय कलाओं का सहारा लिया था। इंग्लैंड में 16वीं सदी में फ्रांसीस बेकन ने दार्शनिक अध्ययन को बढ़ावा देने के लिए नए देश की कल्पना (नया अटलांटिस) और दर्शनशास्त्र के अध्ययन को बढ़ावा देने के लिए खोज की कल्पना का इस्तेमाल किया था। जो अपने आप में एक वैज्ञानिक परिकल्पना थी। बेकन के लेखन में लगातार यात्रा, सीमाएँ और खोज के जरिए यह तर्क दिया गया है कि ज्ञान एक साम्राज्य है जो लगातार बढ़ता जा रहा है।

राजनीतिक तौर पर महत्त्वपूर्ण पाठ और राजनीतिक विचारकों ने भी कथावृत्तांतों का सहारा लिया है। इंग्लैंड के जेम्स प्रथम ने यह तर्क देने का प्रयास किया है कि राजा राज्य का मुखिया है और उसकी भूमिका ईश्वर ने तय की है। इसके लिए उन्होंने रोग-व्याधि की कथाएँ और चिकित्सा की कथाओं का इस्तेमाल किया। उन्होंने कहा कि देश एक शरीर है और राजा इसका डॉक्टर। डॉक्टर का काम बीमारियों और संक्रमण से शरीर की सुरक्षा और देखभाल करना है। बाद में इंग्लैंड में राजनीतिक विचारकों थॉमस हॉब्स और जॉन लॉक ने शहर की कल्पना और एक बड़ी जैविक संरचना को राजतंत्र और देश के वृत्तांत के लिए प्रयोग किया। जब शरीर के सारे हिस्से दिमाग की सुनें तभी किसी जीव का अस्तित्व रह सकता है। इसी तरह कोई राजा तभी रहेगा जब उसके पास परम शक्ति हो।

धार्मिक ग्रंथ और पांडुलिपियों में भी सत्य, मानव जीवन, नैतिकता, मूल्यों और जीवन सिद्धांतों के वर्णन के लिए वृत्तांत्मक प्रणाली का सहारा लिया गया है। इस्लाम और ईसाई धर्म में बलिदान एक स्थिर, केंद्रीय वृत्तांतों के रूप में मौजूद हैं। इनमें कहानियों और वृत्तांतों की मदद से विभिन्न प्रकार के आदर्श रखे गए हैं। उदाहरण के तौर पर ईसाई धर्म में नौकरी की कहानी के जरिए आस्था के महत्त्व को दर्शाया गया है। महाभारत (विशेष रूप से भगवद्गीता) और रामायण जैसे महाग्रंथों में नैतिक कथाओं के जरिए हमें राम, कृष्ण, रावण, अर्जुन और कर्ण के बारे में बताया गया है।

20वीं सदी में मानव अधिकार के दर्शन में नियमित तौर पर वृत्तांतों के विभिन्न रूपों का इस्तेमाल होता रहा है। मिसाल के तौर पर माइकल इग्नैटिफ (2001) जो मानवाधिकार से जुड़े विचारक हैं—ने तर्क दिया है कि अत्याचार और दमन से पीड़ित लोगों ने अदालत में अपने हलफियां बयानों तथा आत्मकथाओं के माध्यम से अपनी कहानियाँ सुनाईं। इग्नैटिफ के अनुसार ऐसे वृत्तांत नैतिक जबाबदेही की प्रक्रिया की पहल करते हैं। अर्थात जब हम प्रताड़ना की ऐसी कहानियाँ पढ़ें तो हम सहानुभूति और समझदारी से प्रतिक्रिया जतायें। ताकि हम इसके प्रति वैधानिक, सामाजिक और मानवीय प्रक्रिया भी आरंभ कर सकें। इस प्रकार हम इन पीड़ितों के लिए सुलह, उम्मीद और कानूनी सहायता की प्रक्रिया शुरू करते हैं। अन्य शब्दों में कहें तो हम ऐसी प्रक्रिया आरंभ करते हैं जिसके द्वारा उन्हें मानवाधिकार उपलब्ध कराए जा सकें। इग्नैटिफ के कहने का अर्थ यह है कि इन भयावह अत्याचार के कथावृत्तांतों के बिना आंदोलन के रूप में मानव अधिकारों का कारवां आरंभ नहीं हो सकता। इग्नैटिफ मानव अधिकार के सभी दर्शनों के लिए कथावृत्तांतों के महत्त्व पर जोर दे रहे हैं।

आख्यान या वृत्तांतकथा का दार्शनिक विश्लेषण

मानव को समझने के लिए दार्शनिक मॉडल भी वृत्तांतों जैसी विधाओं का सहारा ले रहे हैं। पॉल रिकुबर सुझाते हैं मानवीय क्रिया-कलापों को उसके काल्पनिक पुनर्रचना के दायरे में ही समझा जा सकता है। मानवीय घटनाएँ एवं क्रिया-कलाप अनुकरण के प्रथम स्तर को निर्मित करते हैं। लेकिन दूसरे स्तर पर ही (जिसे रिकुबर अनुकरण 2 कहते हैं) किसी परिस्थिति के विविध तत्त्व किसी व्यवस्था के अंतर्गत आकार पाते हैं। लगभग उसी प्रकार जैसे किसी कहानी में घटनाएँ कथानक के अनुरूप घटती हैं। इसमें काल्पनिक पुनर्रचना, घटनाओं, अभिकर्ताओं तथा पात्रों को सूत्रबद्ध करती हैं ताकि एकल तत्त्व किसी बृहत्तर, समष्टि में शामिल हो सकें। उसके बाद ही यह घटनाएँ क्यों, कैसे, कौन, कहाँ, कब आदि जैसे प्रश्नों का उत्तर दे सकती हैं। क्योंकि कथानक का अब आंतरिक तर्क स्थापित हो चुका है। मानवीय अस्तित्व तभी अर्थवान होता है जब इस तार्किक कथानक के अंतर्गत मानवीय गतिविधियों को स्थित पाते हैं। अंततः तृतीय स्तर पर हम इस काल्पनिक कथानिकीकरण को

अपने दैनिक जीवन में समाहित कर लेते हैं। हम परिकल्पना, काल्पनिक क्रम का वास्तविक जीवन से तालमेल बैठा लेते हैं।

समकालीन उदाहरण लें। फ्रांसीसी दार्शनिक जॉक देरिदा (जिन्हें विखंडनवादी सिद्धांतकार के रूप में जाना जाता है) पश्चिमी दर्शन को संपूर्ण रूप में सैद्धांतिक जामा पहनाने के लिए 'वाक' और 'लेखन' का विश्लेषण करते हैं। देरिदा कहते हैं कि रूसो के आख्यानों को पढ़ें तो यह स्पष्ट होता है कि पश्चिमी मानस में वाक् को विशेष स्थान प्राप्त रहा है, क्योंकि वाक् व्यक्ति की भौतिक उपस्थिति से ही संभव होती है। बोलने के लिए व्यक्ति को अपने श्रोताओं के सामने सशरीर उपस्थित होना पड़ता है। दूसरी ओर लेखन तो लेखक की अनुपस्थिति में किया जा सकता है—जहाँ पर लेखक लिखता है और लिखित सामग्री को लेखक की शारीरिक उपस्थिति के बिना भी वितरित कर दिया जाता है। देरिदा कहते हैं कि इस प्रकार बोले गए शब्द को दी गई अहमियत दरअसल अनुपस्थिति के बजाये उपस्थिति को दिया गया महत्त्व है। यहाँ देरिदा किसी माध्यम (वाक्, लेख) को वृहद दार्शनिक समस्या, शारीरिक उपस्थिति तथा पहचान से जोड़ते हैं। वाक दरअसल वक्ता की दृश्यमूलक भौतिक पहचान का प्रतिनिधित्व करता है लेकिन लिखित शब्द की ऐसी कोई भूमिका नहीं है।

इतिहास में आख्यान पद्धति/वृत्तांत्मकता

अतीत अथवा वर्तमान की वास्तविक घटनाएँ अपना वृत्तांत स्वयं नहीं रच सकतीं। अपनी कथा स्वयं नहीं सुना सकती। उन्हें आवश्यक रूप से आख्यान के रूप में प्रस्तुत करना पड़ता है। अतीत की 'वास्तविकता' क्या थी। उसका 'यथार्थ' कैसा था यह वर्तमान को तभी उपलब्ध हो पाता है जब वह हमारे सामने किसी निश्चित रूप में प्रस्तुत किया जाता है। कुछ घटनाएँ अतीत में भले ही वास्तविक रूप में घटित हुई हों लेकिन वह हमारे लिए तभी सार्थक होंगी जब हम उनके कारण और परिणामों को जान पाएँगे। हम आगामी वर्षों में उनके महत्त्व को तभी समझ पाएँगे जब उन्हें ऐसे रूप में हमें उपलब्ध कराया जाए जिससे वह घटनाएँ हमारे लिए व्याख्यायित और स्पष्ट हो सकें।

उदाहरण के लिए हम 1857 के सिपाही विद्रोह की ऐतिहासिक घटना लें। हम उन घटनाओं के यथार्थ तक शारीरिक रूप से पहुँच नहीं सकते। उसे समझने के लिए हमें 1857 की घटनाओं की पुनर्रचना करनी पड़ेगी। पुनर्रचना की यह प्रक्रिया अथवा उसके बारे में जानकारी प्राप्त करने का प्रयास उस काल के ऐतिहासिक दस्तावेजों, पुस्तकों, भौतिक वस्तुओं, इमारतों के अवशेषों आदि के माध्यम से ही संभव है। इस प्रक्रिया में भी हमें कठिनाइयों का सामना करना पड़ सकता है। हमारे सामने एक के बाद दूसरी घटनाओं की पूरी श्रृंखलाएँ हैं। हम यह

कैसे सुनिश्चित करेंगे घटना-1 के कारण घटना-2 घटित हुई थी। एक और दो के जुड़ने का आधार कार्य-कारण योजना है जिसे हम वर्तमान में अतीत की घटनाओं पर लागू करते हैं। अलग प्रकार से कहें तो ऐसी 'धारणा' (मान लेते हैं) बना लेते हैं कि यह घटनाएँ एक दूसरे से संबंधित थीं। इस 'धारणा' का अर्थ है कि घटनाओं में लोगों, वस्तुओं, अवसरों को ऐसे ढांचे में बैठाकर कहानी का जामा पहना रहे हैं जो कार्य-कारण संबंध को दर्शाता है। 'धारणा' की प्रवृत्ति एक 'काल्पनिक' क्रिया-कलाप है। घटनाएँ चूंकि स्वयं हैं इसलिए हम कल्पना करते हैं कि पहली घटना के कारण ही दूसरी घटित हुई। इतिहास की पुनर्रचना उपन्यास के समान ही है क्योंकि दोनों विधाओं में हम कारणों को गढ़ते हैं। कहानियाँ बनाते हैं। चरित्रों, घटनाओं तथा स्थानों के आपसी संबंधों की कल्पना करते हैं।

इस प्रकार हम व्याख्या के ढाँचे में घटनाओं को स्थित करते हैं जिसमें हम यह दावा करते हैं कि दूसरी घटना पहली के कारण ही हुई। हमने ऐसा आख्यान बनाया है जिससे यह संबंध स्पष्ट परिलक्षित होता है। ऐतिहासिक घटनाओं से विशिष्ट सत्य उगलवाए जाते हैं। क्योंकि हम घटनाओं को विशिष्ट शैली में पिरोते हैं ताकि उनसे एक ही तरह का अर्थ पाया जा सके। यदि हम उन्हें भिन्न रूप में व्यवस्थित करें तो उसका अर्थ भी भिन्न निकलेगा। 1857 की घटना अंग्रेजों के लिए 'विद्रोह' या 'गदर' है। उन्होंने इसे इसी रूप में उद्घाटित किया। जबकि भारतीय टिप्पणीकर्ताओं/इतिहासकारों के लिए 'प्रथम स्वतंत्रता संग्राम' है। इस प्रकार 1857 की घटनाओं का 'सत्य' इस पर निर्भर करता है कि अंग्रेज और भारतीय उन्हें किस प्रकार के आख्यान में पिरोते हैं/थोपते हैं। घटनाएँ इतिहास को नहीं लिखती, इतिहासकार लिखते हैं और इसीलिए आख्यान अतीत को गढ़ते हैं। या कहें वृत्तांत्मक कथाएँ इतिहास को निर्मित करती हैं।

इस प्रकार से वर्तमान और भविष्य को अतीत से प्रभावी रूप से परिचित कराने के लिए इतिहास में प्रभावशाली आख्यानकारी पद्धतियों का प्रयोग करना आवश्यक है। इतिहास के सिद्धांतकार हेडन व्हाइट के अनुसार अतीत की घटनाओं के संप्रेषण के तीन प्रमुख कारक हैं–

1. **एनल मोड** (तिथिवार पद्धति) इतिहास की प्रमुख घटनाओं को सूचीबद्ध करके वर्णित किया जा सकता है। जैसे–

1600 : ईस्ट इंडिया कंपनी का गठन
1616 : इंग्लैंड से प्रथम अधिकृत राजदूत थॉमस रो का भारत आगमन
1757 : प्लासी का युद्ध
1764 : बक्सर का युद्ध
1857 : सिपाही विद्रोह
1885 : भारतीय राष्ट्रीय कांग्रेस की स्थापना

1947 : भारतीय स्वाधीनता

इतिहास के इस रूप में वर्णन या वृत्तांत लेखन को एनल (तिथिवार क्रम) कहते हैं। तिथिवार क्रम में घटनाओं को सूचीबद्ध भर कर दिया जाता है। इसमें कोई तारतम्य नहीं होता है न ही इसका कोई केंद्रीय विषय होता है। इसमें इस बात का वर्णन नहीं होता कि कौन सी घटनाएँ अधिक महत्त्वपूर्ण हैं अथवा उनके घटने का कारण क्या था। उनसे यह भी स्पष्ट नहीं होता कि एक प्रकार की घटनाओं ने किस प्रकार दूसरी घटनाओं को पैदा किया। अथवा किसी घटना से किसी व्यक्ति या समूह किस प्रकार प्रभावित हुआ।

2. क्रोनिकल मोड (इतिवृत्तात्मक-पद्धति) कुछ मामलों में हम ऐसे आख्यान देखते हैं जिनमें पूर्व घटित वास्तविक घटनाओं का विवरण तो होता है लेकिन वे आधे-अधूरे किस्से होते हैं। इतिवृत्तात्मकता घटनाओं का वह विस्तृत विवरण होता है जहाँ कथा अपने वृहद रूप से अपने केंद्रीय विषय-वस्तु के रूप में व्यवस्थित होती है। (जैसे किसी व्यक्ति का जीवनवृत्त)।

उपरोक्त इतिवृत्तात्मक आख्यान भी वृत्तांत्मक बन सकता है बशर्ते वह भारतीय इतिहास की घटनाओं को निम्नलिखित शैली में प्रस्तुत करे—

1600 : ईस्ट इंडिया कंपनी का गठन

1616 : इंग्लैंड से प्रथम अधिकृत राजदूत थॉमस रो का आगमन और औपनिवेशिक मुठभेड़ प्रारंभ

1757 : प्लासी का युद्ध, राबर्ट क्लाइव की जीत, ईस्ट इंडिया कंपनी का राजनैतिक शक्ति के रूप में उदय

1764 : बक्सर का युद्ध

1857 : सिपाही विद्रोह

1885 : भारतीय राष्ट्रीय कांग्रेस की स्थापना, स्वतंत्रता संग्राम आरंभ

1947 : भारत को स्वतंत्रता, अंग्रेजों का भारत से पलायन

इस तरह क्रोनिकल हमें भारत में उपनिवेशवाद की केंद्रीय विषय वस्तु को बताता है। यह घटनाओं को व्यवस्थित होने तथा क्रम में रखने पर जोर देता है। यहाँ तारतम्य को स्पष्ट रूप से परिलक्षित किया जा सकता है। जैसे भारतीय राष्ट्रीय कांग्रेस की स्थापना तथा स्वतंत्रता संग्राम के प्रारंभ को एक-दूसरे के साथ रखकर इनके बीच महत्त्वपूर्ण संबंध का आभास कराया गया है। भले ही यह संबंध स्पष्ट रूप से नहीं दिखाया गया है लेकिन इस ढंग से रखा गया है और हमसे उम्मीद की गयी है कि इस पद्धति से हम स्वयं निष्कर्ष निकाल लें।

3. हिस्टोरिकल नैरेटिव (ऐतिहासिक आख्यान) अतीत की घटनाओं के वर्णन की तीसरी शैली में हमें घटनाओं की जानकारी इस प्रकार से दी जाती है कि हमारे भीतर उनके बारे में और अधिक जानकारी पाने की उत्कंठा जागे। अतीत की

वास्तविक घटनाएँ और यथार्थ ऐसे प्रस्तुत किए जाएँ कि वह हमें प्रभावित कर सकें और हम उनका कोई अर्थ निकाल सकें। इसे ऐतिहासिक आख्यान कहते हैं। इतिहासमूलक आख्यानों में वृत्तांतों को परिणाम तक पहुँचाकर समाप्त किया जाता है। अर्थात वर्णित घटनाओं का तर्कसंगत अंत होता है और उन्हें पढ़कर हमें इसकी पूर्णता का बोध होता है। एक ऐतिहासिक घटना का लेखा-जोखा इस प्रकार आगे बढ़ता है जो निम्नांकित है–

"महारानी एलिजाबेथ ने सोलह सौ ईसवी में ईस्ट इंडिया कंपनी का गठन भारतीय उपमहाद्वीप के पूर्वीय क्षेत्रों से व्यापार करने के मकसद से किया था। व्यापार संबंधी अधिकार हासिल करने के लिए इंग्लैंड से प्रथम अधिकृत राजदूत थॉमस रो 1616 ई. में भारत आए और इसके साथ ही ब्रिटेन एवं भारत के बीच औपनिवेशिक जद्दोजहद आरंभ हो गई। वर्ष 1757 में प्लासी के युद्ध में क्लाइव विजयी हुआ तथा ईस्ट इंडिया कंपनी राजनीतिक शक्ति के रूप में स्थापित हो गई। उसके बाद उसने अपने नियम एवं प्रणालियाँ थोपना शुरू कर दिया। अंग्रेजों के हाथ 1764 में बक्सर के युद्ध में विजय से और मजबूत हुए और उनका प्रभाव क्षेत्र बढ़ गया। वर्ष 1857 के सिपाही विद्रोह जिसे भारतीय बहुधा 'भारत का प्रथम स्वतंत्रता संग्राम' कहते हैं की परिणति हजारों 'विद्रोहियों' के मौत के घाट उतारे जाने के रूप में हुई। वर्ष 1885 में भारतीय राष्ट्रीय कांग्रेस की स्थापना हुई और राष्ट्रीय स्वतंत्रता संग्राम आरंभ हो गया। इस संग्राम ने गोखले, रानाडे, तिलक, गांधी और अंततः नेहरू जैसे नेता को जन्म दिया जिन्होंने इस संघर्ष को आगे बढ़ाया। स्वतंत्रता प्राप्ति के विभिन्न उपायों के बाद गांधीजी का अहिंसक आंदोलन भारत के लिए कारगर साबित हुआ। वर्ष 1947 में अंग्रेजों के भारत से पलायन के साथ ही अंततः भारत को स्वतंत्रता प्राप्त हुई लेकिन वह अपने पीछे बँटवारे की त्रासदी भी छोड़ गए"।

उपरोक्त आख्यान में कार्य-कारण संबंध को स्पष्ट रूप से प्रस्तुत किया गया है। लेकिन सबसे महत्त्वपूर्ण यह है कि इस प्रकार के आख्यान में पाठक के सामने घटनाओं के महत्त्व को भी दर्शाया जाता है। घटनाओं के इस महत्त्व को साधारणतः तिथियों और घटनाओं के उल्लेख के द्वारा ही उजागर नहीं किया गया है बल्कि इसे अतीत की घटनाओं को संपूर्ण व्याख्या के तौर पर रखा गया है। दूसरी तरह से कहें तो, इतिहासमूलक आख्यान 'अभिप्राय एवं अर्थ' दोनों को समझने में मदद करते हैं।

अतीत की घटनाओं के प्रस्तुतीकरण की इस तीसरी शैली (इतिहासमूलक आख्यान) से हमें इतिहास सिर्फ सूचना के लिए नहीं बल्कि व्याख्या के लिए भी उपलब्ध कराया जाता है। अतीत को यहाँ कहने के रूप में प्रस्तुत किया गया है। जिसमें निम्नलिखित घटनाक्रम है–

- चरित्र
- कार्य-कारण संबंध

- कालक्रम
- बृहत्तर कथा प्रसंग एवं विषय
- वर्णन
- व्याख्या

यहाँ इस बात का ध्यान रखना आवश्यक है कि उक्त शैलियां 'इतिहास का सृजन एवं दस्तावेजीकरण' करने की यूरोपीय पद्धतियों पर आधारित हैं। इतिहास को दस्तावेजबद्ध करने की प्राचीन एशियाई (हिन्दू एवं इस्लामी सहित) पद्धतियां इनसे अत्यंत भिन्न थीं। जैसे : गीतों में व्यक्तिगत जीवनवृत्त एवं उद्धरणों का उल्लेख। एक ही कहानियों में प्रक्षेपणपथों का अनुसरण, मौखिक कहानियाँ आदि। ये पद्धतियाँ बहुधा इधर-उधर बिखरी कहानियों के रूप में थीं जिसमें लेखकों की जीवनियाँ, व्यक्तिगत अनुभवों एवं ऐतिहासिक घटनाओं को गूँथा गया था। अथवा कई लेखकों ने उन्हें संकलित किया था जिसके कारण उनमें विपरीत अर्थ बोध, मंतव्यों एवं व्याख्याओं का भी आभास होता है/मिलता है। इस्लाम की 'हदीस' (जिसमें एक ही घटना के व्यक्तिगत विवरणों का उल्लेख है और उनमें लेखक की या तो मामूली टिप्पणी है या अथवा नहीं है), हिन्दू मौखिक महागाथा तथा अफ्रीकी पूर्वजों के प्रशंसा गीत भी अतीत के वृत्तांतों की ही शैलियाँ हैं।

उपरोक्त विस्तृत चर्चा से यह स्पष्ट है कि यथार्थ हमें आख्यानों के रूप में प्राप्त होता है। और भिन्न-भिन्न संस्कृतियों के पास इन आख्यानों को गढ़ने या निर्मित करने की भिन्न पद्धतियाँ हैं।

टेक्स्चुअलिटी एवं रीडिंग (पाठोपादेयता एवं पठन)

आख्यान ऐसा प्रस्तुतीकरण है जिनकी पाठक को व्याख्या करनी होती है। इस दृष्टि से आख्यान की प्रक्रिया में लेखक (जो लिखता है), पाठ (मुद्रित इबारत, भाषा, कथा) और पाठक (जो भाषा को पढ़ता है तथा आख्यान का अर्थ लगाता है) शामिल तत्त्व हैं। इस हिस्से में पाठ की प्रकृति तथा पाठक की भूमिका को समझेंगे।

टेक्स्चुअलिटी (पाठोपादेयता)

पाठ को परंपरागत रूप से पूर्ण माना जाता है। यह संपूर्ण होती है और समझदार पाठक ही इसका पूर्ण अर्थ ग्रहण कर पाता है। नव समीक्षकों (विवसैट एवं बेयर्डस्ले, राबर्ट पेन वॉरेन) का तर्क था कि अर्थ तो पाठ में ही निहित होता है और उसका अर्थ खोजने के लिए उसके बाहर झाँकने की आवश्यकता नहीं है। इस व्याख्या के अनुसार पाठ की तारतम्यता एवं उसका निश्चित वजूद पाठ के अंदर सन्निहित रहता है।

लेकिन 1970 के दशक में आलोचक यह कहने लगे कि साहित्यिक आख्यानों

का अस्तित्व सुसंबद्ध अथवा निश्चित नहीं है। सच तो यह है कि पाठ परंपरा से उधार लेती है। उसमें परंपरा की अनुगूंजें सुनाई पड़ती हैं। पुनरुत्पादित होती है और उसकी पुनःप्रस्तुति संभव है। फ्रांसीसी आलोचक रोलां बार्थ का तर्क है कि साहित्यिक कृति को अब स्थिर ढाँचे के रूप में परिभाषित किया जा सकता है। किसी रचना के अनंत पाठ संभव हैं। उसकी भिन्न-भिन्न व्याख्याएँ की जा सकती हैं। पाठ निरंतर चलने वाली 'असीमित क्रिया' या 'पाठलीला' है तथा पाठक उस पाठ के साथ खेलता है। उसी प्रकार से जैसे पाठ, पाठक के साथ खेलता है। पाठ और पाठक दोनों एक रणनीतिक खेल या लीला हैं। बार्थ कहते हैं कि पाठ का अर्थ तो पाठक की समझ पर निर्भर करता है। वह तो इस विचार को भी खारिज करते हैं कि पाठ के अर्थ पर लेखक का कोई अंकुश या सत्ता है। 'द डेथ ऑफ द ऑथर' निबंध में तो उन्होंने लेखक की मृत्यु की घोषणा ही कर दी है। बार्थ का मानना है कि हरेक पाठ स्वतंत्र या उन्मुक्त होता है और अन्य पाठों का संदर्भ देता है। अथवा उससे सामग्री लेता है। इसे यूँ भी कह सकते हैं कि पाठ का न तो कोई केन्द्र होता है न ही सीमाएँ। परिणामस्वरूप पाठ के अर्थ असीमित हैं और पाठक की क्षमता के अनुरूप फैलते हैं। उनका कोई अंतिम, एकमात्र अथवा 'सत्य' अर्थ नहीं होता।

बार्थ 'कृति' एवं 'पाठ' में अंतर करते हैं। 'कृति' भौतिक, मुद्रित पुस्तक है। 'पाठ' उसमें संग्रहित आख्यान है। पाठक पाठ की अर्थ प्राप्ति के लिए भाषा और वृत्तांत से रूबरू होता है। इसे दूसरे शब्दों में कहें तो "कोई कृति तब पाठ में परिणत हो जाती है जब पाठक पाठ की भाषा और वृत्तांत को खोलता है/विवेचना करता है/समझने लगता है।"

- कृति निर्जीव है, पाठ जीवंत है।
- कृति अलमारी में बंद पड़ी चीज है या अपने स्थान में सीमित रहती है जबकि पाठ खुला/उन्मुक्त रहता है तथा पाठक के अध्ययन का विषय बना रहता है।

इस प्रकार बार्थ कहते हैं कि पठन भाषायी कार्यवाही है जो पाठक और वृत्तांत के बीच घटित होता है। इसलिए पाठों में पूर्ववर्ती कृतियों की कथाएँ एवं कथानकों का भी समावेश होता है। समरूपताएँ, प्रतिध्वनियाँ तथा संकेतों की उपस्थिति साहित्यिक वृत्तांतों को समस्यामूलक और पेचीदा बना देते हैं। खासकर तब जब अन्य पाठों का उल्लेख जानबूझकर किया जाता है। इससे विचित्र स्थिति पैदा होती है और यह आभास होता है कि प्रत्येक साहित्यिक आख्यान विगत अनेक अन्य आख्यानों में से तैयार किया गया है। सीधे कहें तो कोई भी साहित्यिक आख्यान पूर्णतया मौलिक नहीं होते क्योंकि उसमें अन्य आख्यानों से सामग्री को या तो रूपांतरित किया जाता है अथवा हस्तगत। इसका अर्थ यह भी है कि हम किसी उपन्यास या कहानी को समाप्त हुआ नहीं मान सकते। क्योंकि कहानी वर्तमान पाठ

के 'पार' जाकर अन्य कहानियों से मिलती है। इस प्रकार पाठ असीमित/अनंत है। इस नजरिए से देखें तो पाठ के स्वरूप निम्नलिखित हैं—

1. समापनातीत
2. अंतहीन
3. अन्य पाठों से निर्मित

यह अंतर्पाठीयता (इंटरटेक्स्चुअलिटी) की अवधारणा है। अंतर्पाठीयता एक पाठ से दूसरे पाठ के संबंध को दर्शाती है। उदाहरण के लिए हेनरी फिल्डिंग का उपन्यास 'शामेला' 18वीं सदी के सफल उपन्यासों में था लेकिन यह उपन्यास सैमोल रिचर्डसन के 'पामेला' का पैरोडी था। बाद में 'जोसेफ एंड्रूज' फिल्डिंग को पामेला के भाई के रूप में प्रस्तुत किया। फिल्डिंग के कहानी के अंत में रिचर्डसन की पामेला आखिरकार अवतरित हो भी जाती है। अब निम्नलिखित प्रश्नों पर विचार कीजिए—

1. क्या हम यह कह सकते हैं कि शामेला क्योंकि पामेला से स्पष्ट रूप से संबंद्ध है इसलिए वह मौलिक एवं संपूर्ण कृति है?
2. क्या शामेला का अपना कोई अस्तित्व है, पूर्ववर्ती कृति से अलग?
3. पामेला कहाँ समाप्त होता है?
4. शामेला का आरंभ चूंकि शामेला में निहित कहानी, घटनाक्रम तथा चरित्रों में पहला उपन्यास प्रतिध्वनित और प्रतिबिम्बित हो रहा था?
5. पामेला उपन्यास की समाप्ति के साथ ही क्या पामेला की कहानी समाप्त हो गई? अथवा यह फिल्डिंग के उपन्यास में समान रूप से चल रही थी?
6. फिल्डिंग के उपन्यास एवं रिचर्डसन की कृति में क्या संबंध है?

दोनों उपन्यासों के संबंध और फिल्डिंग के शामेला में पामेला की कथावस्तु, कथावार्ता, चरित्र तथा वस्तुविन्यास की सबोध प्रतिध्वनियों को ही अंतर्पाठीयता कहा जाता है।

अन्य उदाहरण का प्रयोग करें तो टी एस इलियट की कविताओं 'द वेस्टलैंड' में संस्कृत के वाक्यांश, पौराणिक यूनानी कथा तथा लंदन की शहरी कथावार्ता का प्रयोग किया गया है। उन्होंने इसमें नृत्तत्वशास्त्र, पौराणिक मान्यताओं, इतिहास और विभिन्न साहित्यिक पाठों की सामग्री का प्रयोग किया है। इसलिए इलियट की 'वेस्टलैंड' कहाँ समाप्त हुई तथा अन्य साहित्यिक एवं गैर-साहित्यिक पाठ आरंभ हुए? 'वेस्टलैंड' एक कविता है अथवा वह अनेक कविताओं का कोलाज है। इसमें अनेक कविताओं और कवियों की प्रतिध्वनियाँ समाहित हैं।

जेनेट-जेनेट ने इन विभिन्न प्रकार के पाठों के बीच अनेक संबंधों को रेखांकित किया है। उन्होंने पुरालेखों, समर्पण उद्‌गारों, प्राक्कथनों, संलग्नकों, उपसंहारों, टिप्पणियों तथा आलोचना का जायजा लिया है।

- **पराटेक्स्ट** (समपाठ) वे हैं जो किसी न किसी तरह से पूरे लेख, भूमिकाएँ,

प्राक्कथन, उपसंहार, पाठक को संबोधन, आभार, ज्ञापन, पाद टिप्पणियाँ, रेखाचित्र, चित्र जो कि मुख्य आख्यान से किसी भी रूप में संबद्ध हो।

• **इंटरटेक्स्चुअलिटी** (अंतर्पाठीयता) का संबंध संदर्भों, प्रतिध्वनियों, उद्धरणों, प्रशंसात्मक उल्लेखों अथवा किसी कृति के चुराए गए हिस्से से भी है। यहाँ ऐसा लगता है कि प्रत्येक कृति में अन्य कृतियों से याद करने, दोहराने, प्रतिध्वनित करने अथवा चुराने का प्रयास हुआ है और उससे 'मूल पाठ' का निर्धारण कठिन हो गया है।

• **आर्केटेक्स्चुअलिटी** (प्राच्यपाठोपादेयता/पुराअंतर्पाठीयता) का संबंध किसी कृति का उसी विधा या उसी प्रकार की शैली में लिखे गए ग्रंथों एवं पाठों से है। 20वीं सदी की डब्लू एच ऑडेन की व्यंग्यात्मक कविता का संबंध अलेक्जेंडर पोप के व्यंग्य लेखन से है, जो आर्केटेक्स्चुअलिटी (पुराअंतर्पाठीयता) का उदाहरण है।

• **मेटाटेक्स्चुअलिटी** (परापाठीयता) का अर्थ है किसी पाठ और मुख्य पाठ पर आलोचनात्मक टिप्पणियों, जीवन कथात्मक टिप्पणियों तथा अन्य प्रसंगों के बीच संबंध।

• **हाइपरटेक्स्चुअलिटी** बहुत कुछ मेटाटेक्स्चुअलिटी से मिलता-जुलता है क्योंकि इसका संबंध मूल पाठ के बाद आने वाले पाठों से होता है। मूल पाठ अधोपाठ है और बाद का पाठ परा पाठ है। 20वीं सदी में ज्यां राई का 'वाइड सरगासोसी' विक्टोरिया युग के उपन्यास 'जेन ऑयर' का परापाठ था। और जे एम कोएट्जी का 'फो' उपन्यास 'डेनियल डेफो' के 'रॉबिंसन क्रूसो' का ही परा पाठ था।

पाठक

अभी तक हमने आख्यान के दो पहलुओं को जाना। उपन्यास लेखन हाड़-मांस के व्यक्ति के द्वारा किया जाता है, उसे लेखक कहते हैं। उपन्यास में निहित कहानी का आख्यान किसी कथावाचक द्वारा किया ज़ाता है। एक वक्ता या कथा लेखक या किस्सागो भी कहानी का एक चरित्र हो सकता है। पाठों का संकलन ही आख्यान है। या कहें पाठ किसी भी आख्यान का मूल है।

लेकिन कथावाचक कथा का वर्णन किसके लिए करता है? पाठ में श्रोता भी निर्मित किया जाता है जिसे कथा सुनाई जाती है। श्रोता या प्रापक वह शख्सियत है जो पाठ मूल को औपचारिक रूप से ग्रहण करता है।

आख्यान विशिष्ट गुण संपन्न काल्पनिक प्रतिमूर्ति होता है। यह आवश्यक नहीं है कि वह व्यक्ति रूप ही हो। वह एक आदर्श स्वरूप भी हो सकता है। 18वीं और 19वीं सदी के उपन्यासों में 'प्रिय पाठक' जैसे संबोधन में हमेशा आप बतौर त्रिवेंद्रम या दिल्ली विश्वविद्यालय के स्नातक छात्र नहीं हो सकते हैं। बल्कि पाठक एक निर्मिति है। वह कृति का एक अदृश्य अंग है। और यही गूढ़ पाठक है। यह गूढ़ पाठक सचमुच हाड़-मांस का हो जरूरी नहीं है, जो उपन्यास का पठन करता

है। ऐतिहासिक अथवा वास्तविक पाठक वह है जो पाठों का उन्हीं अर्थों में अध्ययन करता है।

डिजिटल युग में पठन, टेक्स्चुअलिटी और लेखकत्व

कंप्यूटर युग में टेक्स्चुअलिटी के नए रूप उभरे हैं और इन्होंने पाठक द्वारा पाठ का अनुभव प्राप्त करने के तरीकों को बदल दिया है। कंप्यूटर पाठ अथवा डिजिटल साहित्य-उदाहरण के लिए ऐसा उपन्यास है, जिसे ऑनलाइन पढ़ा जा सकता है। इसके कुछ विशिष्ट चारित्रिक गुण हैं–

1. परस्पर प्रभावशील (इंटरेक्टिव) : छापे हुए उपन्यास के विपरीत पाठक कहीं से भी पढ़ सकता है। वह मनचाहे सूत्र पर क्लिक करके पढ़ सकता है। पाठ में संबद्धता वही बन जाती है जिसे पाठक अपनाता है और लेखक द्वारा तय किया गया क्रम बेमानी हो जाता है। वर्ल्ड वाइड वेब यानी इंटरनेट के लिए खास तौर से लिखे पाठों (जैसे माइकल जॉयस का आफ्टर नून अथवा सर्ली जैक्शन का पैचवर्क गर्ल) में पाठक स्वयं आख्यान का क्रम अपनी दिलचस्पी के अनुरूप तय कर लेता है और पाठक द्वारा पाठ को ग्रहण करने के तरीके पर लेखक का नियंत्रण मामूली ही बचता है।

2. बहुपक्षीय (मल्टीमॉडल) : यदि आप विल्फ्रेड ओवेन मल्टीमीडिया आर्काइव में जाएँ तो ओवेन की कविता का मुद्रित पाठ पढ़ सकते हैं, उन्होंने जिस मूल हस्तलिपि में लिखा था, उसे तथा युद्ध की तस्वीरों को देख सकते हैं। विभिन्न आवाजों में रिकॉर्ड कविताओं को भी सुन सकते हैं। इस प्रकार एक ही कविता को अनेक भिन्न-भिन्न पाठों (स्वर, वीडियो, मुद्रित) रूप में एक साथ पढ़ सकते हैं। यही बहुपक्षीय पाठ है।

3. इंटरटेक्चुअल : आप एक ही स्क्रीन पर एक साथ अनेक पाठों को देख सकते हैं, जिससे सभी पाठों की इंटरटेक्स्चुअल स्थिति स्पष्ट होती है। इतना ही नहीं अभिटिप्पणीत संस्करण जैसे शेक्सपियर में आपको टिप्पणी, ऐतिहासिक संदर्भ, साहित्यिक संदर्भ आदि तमाम एक ही पेज पर उपलब्ध हो जाते हैं। उससे शेक्सपियर के अध्ययन से संबंधित सभी स्रोत दिखा दिए जाते हैं।

4. फ्लूड टेक्स्ट (लचीले पाठ) : स्क्रीन पर पाठों के क्रम में परिवर्तन किया जा सकता है। यह पाठ मुद्रित सामग्री की तरह स्थायी नहीं होते हैं। इसमें पाठक की सुविधानुसार पाठ अस्थिर हो सकते हैं। इस पाठ की पाठोपादेयता (टेक्स्चुअलिटी) में लीलाभाव/खेल एवं खोज की दृष्टि रहती है।

डिजिटल आख्यानों में आख्यान एकदम नया रूप ले लेते हैं। उसी तरीके से विभिन्न अध्ययनों के माध्यम से यह तर्क दिया गया है कि कंप्यूटर गेम्स भी एक वृत्तांत है जिसमें एक कहानी और कथानक भी होते हैं।

अध्याय चार

भारतीय दर्शन में ज्ञान की सैद्धांतिकी

- अध्याय की रूपरेखा
- भारतीय दर्शन प्रणाली का उद्गम और विकास
- ज्ञान क्या है?
- भारतीय परंपरा में ज्ञान की अवधारणा
- भारतीय ज्ञान प्रणालियों की पद्धतियाँ
- ज्ञान के भारतीय सिद्धांत

भारतीय दर्शन प्रणालियों का उद्गम एवं विकास

दर्शन के रूप में तत्त्वमीमांसा

भारतीय दर्शन का उद्गम वेदों से माना गया है। यह प्राचीनतम भारतीय साहित्य के रूप में उपलब्ध हैं। लेकिन उनकी रचना के कारणों तथा तात्कालिक प्रभावों को निश्चित रूप से तय कर पाना संभव नहीं है। यहाँ तक कि भारतीय दर्शन की विभिन्न अध्ययन शाखाओं के विकास के कालक्रम का निर्धारण भी अत्यंत कठिन है। क्योंकि हमारे पास उपलब्ध सूचनाएँ अत्यंत सूक्ष्म हैं। यहाँ तक कि उनका दस्तावेजीकरण भी सिलसिलेवार ढंग से नहीं हुआ है। इसलिए उपलब्ध जानकारियाँ अधूरी हैं। प्राचीनकाल में ऐतिहासिक विवरण तथा जीवनियों को ठीक ढंग से संरक्षित नहीं किया जा सका। इसके दो कारण हो सकते हैं। पहला, भारतीयों की दृष्टि में दर्शनशास्त्रियों से अधिक महत्त्व दर्शन का था। दार्शनिक विचारों को प्रतिपादित और प्रचारित करने में उनका हित एवं विश्वास था। इसलिए उन्होंने विचारकों से संबंधित विवरण के संरक्षण की दिशा में महत्त्वपूर्ण काम नहीं किया।

दूसरा, भारतीय परंपरा में ज्ञान को हस्तांतरित करने की प्रचलित प्रणाली मौखिक थी। इस परंपरा प्रणाली में शिक्षक अपने शिष्यों को मौखिक विवरण सुनाया करते थे। और यह क्रम पीढ़ी दर पीढ़ी चलता था। इसे गुरुकुल परंपरा कहा जाता

था। यह प्रणाली यथोचित लेख, प्रमाण तैयार करने अथवा उनके संरक्षण के अनुकूल नहीं थी।

इसी प्रकार सटीक ऐतिहासिक लेख, प्रमाणों की कमी से भारतीय दर्शन को समझने की हमारी क्षमता पर असर नहीं पड़ता। इस बिन्दु को भारतीय दर्शन तथा यूरोपीय दर्शन की तुलना करके बेहतर रूप में समझा जा सकता है। यूरोपीय दर्शन अपने मूल स्वभाव के कारण अपने ऐतिहासिक विकास से जुड़ जाता है। यूरोपीय परंपरा वर्तमान प्रणालियों की खामियों के बीच से विकसित हुई ताकि उसे उसकी जगह वैकल्पिक प्रणालियाँ बनाकर स्थापित किया जा सके। इसलिए बाद की प्रणालियाँ पिछली प्रणालियों की आलोचना और अंततः उन्हें खारिज कर दिए जाने की बुनियाद पर निर्मित हुई हैं। ऐसी प्रणाली में सटीक कालक्रम का ज्ञान प्रणालियों के अवतरित होने के क्रम को समझने के लिए आवश्यक हो जाता है क्योंकि उससे पिछली प्रणाली की जगह नई प्रणाली के स्थापित हो जाने का विवरण मिलता है। लेकिन भारतीय दर्शन की अधिकतर प्रणालियाँ साथ-साथ विकसित हुईं। हालाँकि इन प्रणालियों में एक दूसरे की आलोचना निहित है लेकिन कोई भी प्रणाली किसी अन्य प्रणाली की जगह पर स्थापित नहीं हुई। किसी निर्धारित प्रणाली के भीतर नए दार्शनिकों ने जिन्होंने उसे अपनाया अपने पूर्ववर्तियों के तर्कों को सही ठहराने तथा उन्हें और पुष्ट करने में अपनी सारी शक्ति लगाई न कि उनकी आलोचना तथा उन्हें खारिज करके नई प्रणाली स्थापित करने में। बाद के दार्शनिक जो किसी प्रणाली में शामिल हुए, वे उसी प्रणाली में दीक्षित हुए थे। उन्होंने अपनी प्रणाली को ही नए विचारों का पुट देकर पुष्ट किया। उन्होंने उस प्रणाली की मूल विचारधारा को पूर्ण समर्पित होकर और बेहतर तर्कों से सही ठहराया तथा उसके आलोचकों को करारा जवाब दिया। इस प्रकार एक प्रणाली के बाद का चरण मूल प्रणाली के आरंभिक चरण से अधिक सुव्यवस्थित रूप में उभरा। इस प्रकार सभी मूल प्रणालियाँ शताब्दियों तक साथ-साथ मौजूद रहीं। प्रणालियों के इतिहास को तो संरक्षित नहीं किया गया लेकिन उनके दर्शन को अवश्य संरक्षित किया गया। इस प्रकार दर्शन की एक अध्ययन शाखा के विकास के विभिन्न चरण अन्य अध्ययन शाखाओं से उसके अंतःसंबंधों के क्रम में दृश्यमान हैं। इसके अलावा किसी एक प्रणाली के दार्शनिकों की तिथियों से हम वाकिफ हों तब भी वह विशेष सहायक नहीं होगी क्योंकि किसी भी प्रणाली में एक के बाद एक आए प्रत्येक दार्शनिकों ने पहले अपने पूर्ववर्तियों के विचारों को पुनः प्रतिपादित किया और उसके बाद उसी मतानुक्रम में उसे विकसित किया। प्रत्येक दार्शनिक को अलग-अलग रूप में चिन्हित करने पर हम समान विचारों को बार-बार दोहराते रहेंगे। इसलिए सटीक कालक्रम आंकड़े अथवा उनके विलोपन का भारतीय दर्शन के अध्ययन में कोई महत्त्व नहीं है।

भारतीय दर्शन के विकास का आरंभिक चरण स्पष्ट नहीं है। हम अधिकतर

प्रणालियों के उद्गम को ईसा पूर्व 600 और ईसा पूर्व 100 अथवा 200 के बीच के किसी काल में ढूँढ़ सकते हैं। लेकिन इन प्रणालियों के अस्तित्वमान होने के क्रम के निर्धारण में विरोधाभासी दावे किए गए हैं। क्योंकि किसी न किसी समय वह सभी प्रणालियाँ एक साथ अस्तित्वमान थीं और लगभग ईसवी सन् 1700 तक शिक्षकों एवं विद्यार्थियों की निर्बाध श्रृंखला के माध्यम से यह क्रम जारी रहा। बुद्ध के उपदेशों से ईसा पूर्व लगभग 500 के काल में बौद्ध दर्शन विकसित हुआ। जैन दर्शन का उद्गम तो बौद्ध दर्शन से भी पहले माना जाता है। बौद्ध साहित्य में भौतिकतावाद की अध्ययन शाखा के प्रसंगों से यह सिद्ध होता है कि वह भी बौद्ध दर्शन से पुराना है। ऐसा अनुमान लगाया जाता है कि सांख्य, योग, मीमांसा और संभवतया वैशेषिक प्रणाली भी अपने प्रारंभिक स्वरूप में बौद्ध एवं जैन दर्शन से भी पहले अस्तित्वमान थी। चूंकि उनके शास्त्र बाद में विस्तार से लिखे गए इसलिए उन पर प्रायः बौद्ध एवं जैन दर्शन के बाद चर्चा होती है। न्याय एवं वेदांत की प्रणालियों के इतिहास के बारे में हालाँकि अधिकृत रूप में कुछ भी नहीं कहा जा सकता। लेकिन ऐसा अनुमान है कि उनका उद्गम बौद्ध दर्शन के उद्गम के बाद हुआ था। कुल मिलाकर भारतीय दर्शन में विचार की नौ अध्ययन शाखाएँ हैं। उनके विकास के बाद के चरण की कुछ तिथियाँ उपलब्ध हैं इसलिए हमारे लिए क्रमशः उन विचारकों की कालावधि एवं क्रम निर्धारित करना संभव है।

डॉक्टर राधाकृष्णन ने भारतीय दर्शन के विभिन्न कालखंडों को निरूपित किया है। उनके अनुसार मोटे रूप में निम्नलिखित कालावधियाँ हैं–

(1) वैदिक काल : (ईसा पूर्व 1500 से ईसा पूर्व 600) यह कालखंड आर्यों की बसावट और उनके विस्तार का प्रतीक है। उपनिषदों की रचना से पहले के इस काल में हालाँकि दर्शन का कोई ठोस अस्तित्व दृष्टिगोचर नहीं होता। लेकिन डॉक्टर राधाकृष्णन कहते हैं कि, 'भारत के उद्दात आदर्शवाद के आरंभ' से इनकार नहीं किया जा सकता। 'इस युग में प्रस्तुत दृष्टिकोण दार्शनिकता के तकनीकी अर्थ पर खरा नहीं है। यह अन्वेषण का युग है जहाँ अंधविश्वास तथा विचार के बीच द्वंद्व चल रहा है।'

(2) पुराण काल : (600 ईसा पूर्व से 200 ईस्वी तक) इस काल के अंतरगत उपनिषदों और दर्शन की विभिन्न पद्धतियों का युग रखा जाता है। इसमें रामायण, महाभारत के अंतर्गत ईश्वर और व्यक्ति के संबंधों का चित्रण है। बौद्ध, जैन, शैव और वैष्णव धर्मों की जड़ें भी इसी काल में हैं। डॉक्टर राधाकृष्णन के अनुसार इस काल में उपनिषद के विचारों और बौद्ध तथा भगवद्गीता के द्वारा हमारा महान लोकतांत्रिकरण हुआ है। भावनाओं, विचारों के विकास एवं संचयन से उपजा विभिन्न भारतीय दर्शन शाखा में विभिन्न दर्शन चिन्तन इसी काल की देन है।

(3) सूत्र काल : (200 ईस्वी से) यह काल विभिन्न दर्शनों से संबंधित साहित्य

में तीव्र गति से आए विकास का प्रत्यक्षदर्शी बना। इसी काल में सूत्र के रूप में विभिन्न साहित्यों के संपुटन का काम हुआ। इन सूत्रों को समझने के लिए टिप्पणी लेखन की अवधारणा पैदा हुई। पिछले कालों में जहाँ विद्वान दार्शनिक पहलुओं पर चर्चा करते थे वहाँ इस काल में दार्शनिक समस्याओं को समझने में मानव मस्तिष्क की सक्षमता का समीक्षात्मक विश्लेषण हुआ। राधाकृष्णन कहते हैं कि 'विश्व को समझने और उसकी व्याख्या करने के पहले के सभी प्रयास पूर्णतः दार्शनिक प्रयास नहीं थे क्योंकि उनमें मानव मस्तिष्क की योग्यता या साधन की सक्षमता का मानदंड अंतर्निहित नहीं था न ही इसे लेकर दुविधा थी'।

(4) भाष्य काल : (200 ईस्वी से) यह काल पिछले काल से विशेष पृथक नहीं है। इस काल में कुमारिल, शंकर, रामानुज, श्रीधर, माधव, वाचस्पति, उडयन, भाष्कर, जयंत, विज्ञानभिक्षु और रघुनाथ जैसे दैदीप्यमान विद्वान हुए। इस काल में कई मूल्यवान ग्रन्थों की रचना हुई परंतु साहित्यिक कार्य दुर्भाग्य से शास्त्रार्थ में सिमट कर रह गया। जिससे अनेक विवाद पैदा हुए। राधाकृष्णन इस पर टिप्पणी करते हैं कि 'विचारों की जगह हमें शब्द मिले दर्शन की जगह कुतर्क हुए विचारों की गूढ़ता, तर्कों का छल, असहिष्णुता की मनोवृत्ति से इस काल में सबसे निकृष्ट टिप्पणीकार उभरे। इस काल में सिर्फ शंकर और रामानुज जैसे विद्वानों द्वारा आध्यात्मिक पथ की खोज की पुष्टि हुई जिसे एक मात्र उपलब्धि कहा जा सकता है'।

भारतीय दर्शन की नौ विचार पद्धतियों को परंपरागत तौर पर दो वर्गों में बाँटा गया है। आस्तिक और नास्तिक। यह वर्गीकरण उनकी वेदों में आस्था के आधार पर किया गया है। वह विचार जो वेदों को न तो अपौरुषेय मानता है न ही वेदों से स्वयं की वैधता स्वीकारता है उन्हें नास्तिक कहा गया।

चार्वाक, बौद्ध एवं जैन धर्म-दर्शन इसी वर्ग में आते हैं क्योंकि वह वेदों के प्रभुत्व को नहीं स्वीकारते हैं। बौद्ध और जैन धर्मों के अपने अलग ग्रंथ हैं। अन्य षड्दर्शन आस्तिक हैं क्योंकि वे प्रत्यक्ष या परोक्ष रूप से वेदों के प्रभुत्व को स्वीकारते हैं। इनमें से मीमांसा और वेदांत पूर्णतः वेदों पर निर्भर हैं और वैदिक परंपरा के अस्तित्व का निर्वाह करते हैं। मीमांसा में वेदों में दी गईं प्रथाओं के महत्त्व पर जोर दिया गया है पर वेदांत को वेदों के अंक के तौर पर देखा गया। इसमें अधिक महत्त्वपूर्ण दार्शनिक मसले निहित हैं। जबकि सांख्य, योग, न्याय और वैशेषिक दर्शन वेदों पर आधारित नहीं हैं। परंतु ये अपने सिद्धांतों और वेदों के बीचे तादात्म्य बनाए हुए हैं। यह वर्गीकरण निम्नलिखित प्रकार से समझा जा सकता है।

अब हम भारतीय दर्शन के प्रत्येक संप्रदाय पर संक्षेप में चर्चा करेंगे।

1. भौतिकतावाद : यह संप्रदाय चार्वाक दर्शन भी कहलाता है। यह नाम इसके मुख्य प्रवर्तक चार्वाक ऋषि पर आधारित है। इसे लोकायत या जनता का दर्शन

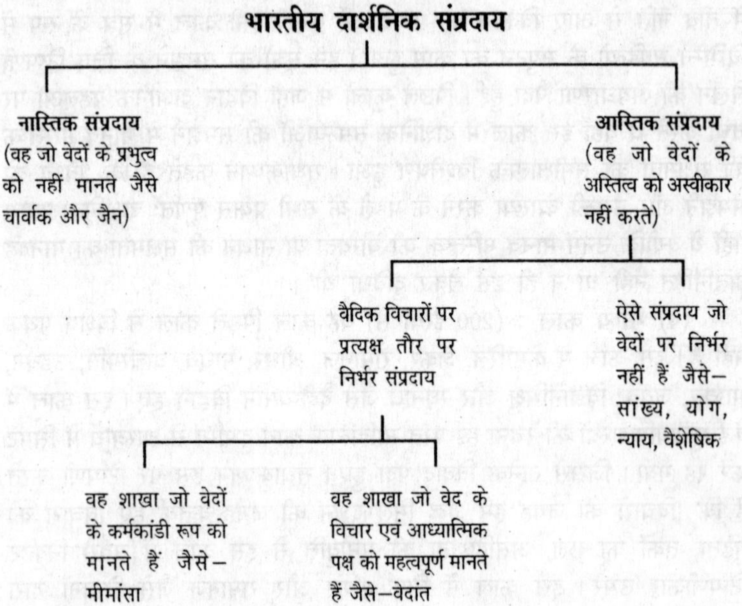

भी कहते हैं। जैसाकि नाम से ही स्पष्ट है। यह संप्रदाय सिर्फ पदार्थ को ही एक मात्र सत्य मानता है। भौतिकतावादी सिर्फ चार शाश्वत तत्त्वों के अस्तित्व को स्वीकारते हैं। ये तत्व हैं पृथ्वी, जल, अग्नि और वायु। वे सभी वस्तुओं के सार तत्त्व इन्हीं को मानते हैं। और चेतना जैसी आध्यात्मिक अवधारणा को भी संपत्तिक तौर पर देखते हैं। क्योंकि इस दर्शन के अनुसार इन चार तत्त्वों के निश्चित अनुपात में संयोग से शरीर का निर्माण हुआ है। उनका समस्त दर्शन उनके ज्ञान के सिद्धांत पर आधारित है जो प्रत्यक्ष ज्ञान को वैध ज्ञान का एक मात्र स्रोत मानता है। परिणामस्वरूप यह ईश्वर, आत्मा, आकाश और उस जैसे विचारों को नहीं मानते। क्योंकि इनकी प्रत्यक्ष ज्ञान द्वारा पुष्टि नहीं हो सकती। चार्वाक नीति में इच्छाओं की वरीयता है। क्योंकि वह विश्व को ही एक मात्र वास्तविकता मानते हैं। जिसका हमारी मृत्यु के बाद दोबारा अनुभव नहीं होता। जो इन्द्रियों के अधिकतम उपयोग पर विश्वास रखते हैं। चार मानवीय मूल्यों—धर्म, अर्थ, काम और मोक्ष में से वे सिर्फ 'काम' की वकालत करते हैं और 'अर्थ' को इस उद्देश्य को पूरा करने के साधन के रूप में देखते हैं। इस पद्धति का कोई प्रारंभिक कार्य अब नहीं मिलता। इस संप्रदाय के बारे में हमें जो भी जानकारियाँ मिलती हैं वह उन अन्य संप्रदायों के संदर्भों से मिलती हैं जिन्होंने इसे दुर्भाग्यपूर्ण बताकर अस्वीकार किया था। इस तरह इस संप्रदाय की अवधारणा हम तक विकृत रूप में ही पहुँच पायी है। ऐसा संशय किया

जाता है कि इस संप्रदाय द्वारा जो भी गंभीर दार्शनिक विचार दिए गए थे वह समय के साथ लुप्त हो गए।

2. जैन दर्शन : इस धर्म दर्शन को वास्तविकतावादी, सापेक्षतावादी, बहुलतावादी और नास्तिक जैसे विशेषणों से वर्णित किया जा सकता है। जैन दर्शन प्रत्यक्ष ज्ञान या अनुभव, अनुमान और साक्ष्य को ज्ञान के साधन के तौर पर देखता है। इन सभी को मिलाकर 'स्यादवाद' या 'ज्ञान की सापेक्षता के सिद्धांत' की अनन्य स्थिति उभरती है या दृष्टिकोण निर्मित होता है। इनके अनुसार वास्तविकता के असंख्य पहलू हैं। मानव ज्ञान सापेक्ष है और उन सभी को समाहित नहीं किया जा सकता। इसीलिए हमारे निर्णय हमेशा परम स्वीकृत या अस्वीकृत नहीं हो सकते। बल्कि सापेक्ष होते हैं। जैसे किसी विशेष बिन्दु से अनन्त को एक ही बार देखा जा सकता है। इस मत से संबंधित उनके सिद्धांत को 'अनेकांतवाद' यानी अनेक वास्तविकताओं का सिद्धांत कहा जाता है। इसमें यह माना गया है कि वास्तविकता न तो परम स्थाई है न ही अनवरत परिवर्तनशील है। यह तत्त्व के संदर्भ में स्थाई है क्योंकि तत्त्व शाश्वत अस्तित्व रखते हैं। परंतु इसके गुण आकस्मिक हैं जो अस्तित्व में आते हुए नष्ट हो जाते हैं। जैन अध्यात्म बहुलतावादी हैं और सभी तत्त्वों को आत्म और अनात्म ('जीव' और 'अजीव') में विभक्त करता है। ये दोनों ही पृथक और निरपेक्ष रूप में वास्तविक हैं। अजीव पाँच प्रकार के हैं जैसे : 'काल या समय', 'आकाश या अंतरिक्ष', 'धर्म या गति', 'अधर्म या विश्राम' और 'पुदगल या तत्व पदार्थ' जैन यह मानते हैं कि इस विश्व में मानव, पशु, पौधे और जीवाणु सहित सभी सजीव वस्तुओं में आत्मा है, जो अज्ञानता की सीमा में बँधे हैं। कर्म आत्मा से बँधे हैं, जो शरीर और पदार्थ से जुड़े हैं। सही आस्था, ज्ञान और आचरण तत्त्व को आत्मा से अलग करती है और अंत में मुक्त करती है। जैन धर्म में अनुशासन की पाँच स्तरीय प्रणाली है। पहला : अहिंसा, दूसरा : सत्य, तीसरा : अस्तेय, चौथा : ब्रह्मचर्य और पाँचवाँ अपरिग्रह। इन सिद्धांतों का जैन भिक्षु कठोरता से पालन करते हैं। जैन मतावलम्बी ईश्वर को नहीं मानते हैं। पर यह निश्चित तौर पर नीतिपरक संप्रदाय है।

3. बौद्ध दर्शन : यह संप्रदाय बुद्ध के बोधिसत्व की प्राप्ति के बाद अस्तित्व में आया। इसी की वजह से वह धर्म प्रचार के लिए प्रवृत्त हुए। वे मौखिक तौर पर प्रचार किया करते थे। उनके तीन केन्द्रीय सिद्धांत आज भी अस्तित्व में हैं। इनमें से पहला सिद्धांत 'कतवरी आर्य सत्य' या चार आर्य सत्य हैं। जो यह है कि दुःख है, दुःख का कारण है, दुःख को समाप्त किया जा सकता है और दुःख दूर करने के लिए पथ है। दूसरा सिद्धांत, 'प्रतीत्य समुत्पाद' कहलाता है। जो दूसरे और तीसरे आर्य सत्य में अंतर्निहित है। इसमें कहा गया है कि विश्व में जो भी घट रहा है उसका कारण है और इसीलिए वह अनवरत है। बुद्ध मानते थे कि कष्ट या दुःख उपेक्षा

से उपजे हैं और ये जन्म और मृत्यु के अंतहीन चक्र में ले जाते हैं। सिर्फ ज्ञान इस चक्र को तोड़कर हमें मुक्ति दिला सकता है। चौथे आर्य सत्य में अंतर्निहित सिद्धांत में आठ स्तरीय आर्य पथ का वर्णन है। और इसमें इन आठ पथों पर चलकर आत्मा दिव्य हो जाती है। ये हैं—शुद्ध विचार, शुद्ध संकल्प, शुद्ध भाषण, शुद्ध आचरण, शुद्ध रोजगार, शुद्ध उद्यम, शुद्ध मस्तिष्क और शुद्ध ध्यान। बौद्ध धर्म प्रत्यक्ष ज्ञान या अनुभव और अनुमान को शुद्ध ज्ञान का साधन मानता है। यह साक्ष्य पर विश्वास करता है पर इसे अनुमान में परिणित कर देता है। बौद्ध धर्म की कई शाखाएँ हैं और इनका विस्तार परम अनीश्वरवाद से लेकर प्रत्यक्ष वास्तविकतावाद तक है। बौद्ध धर्म इस अतिवादिता से हटकर मध्यम मार्ग मानने की सिफारिश करता है। यह मार्ग ज्ञान, दिव्यता, निर्वाण तथा मुक्ति की ओर ले जाता है। हीनयान और महायान शाखाओं में निर्वाण के उद्देश्य को लेकर मतभेद हैं। हीनयान जहाँ दुःखों के अंत के लिए निर्वाण आवश्यक मानता है। वहीं महायान इसे ज्ञान प्राप्ति का सामाजिक अंत कहता है।

4. न्याय : न्याय दर्शन शाखा की स्थापना गौतम ऋषि द्वारा बताई जाती है। यह वैशेषिक के समान ही दर्शन है। दोनों के विचारों में कई समानताएँ हैं और बहुत थोड़े मतभेद हैं। वैशेषिक दर्शन आरंभ में अध्यात्म, शास्त्र और तात्विकी को समर्पित था। इसके ज्ञान, मीमांसा और तर्क संबंधी अंश न्याय में मिलते हैं। न्याय दर्शन में परमाणुवादी बहुलता और तार्किक वास्तविकतावाद प्रमुख हैं। इसमें कहा गया है कि कष्ट इसलिए है क्योंकि वास्तविकता की उपेक्षा के कारण आत्मा बंधनों में जकड़ी हुई है। इस कष्ट से मुक्ति का एक मात्र रास्ता ज्ञान के द्वारा मुक्ति प्राप्त करना है। इसीलिए न्याय दर्शन में ज्ञान प्राप्ति के सही रास्ते बताए गए हैं। नैयायिकों के अनुसार सत्य पाने के चार मार्ग हैं : प्रत्यक्ष ज्ञान, अनुमान, तुलना और साक्ष्य। ये संपूर्ण ब्रह्मांड को वास्तविक मानते हैं और इसे 16 भागों में वर्गीकृत करते हैं। इसमें कार्य-कारण वाद का विस्तृत सिद्धांत है। जिसमें यह कहा गया है कि कारण में प्रभाव का पूर्व अस्तित्व नहीं होता। ब्रह्मांड में सभी वस्तुएँ वायु, जल, अग्नि और पृथ्वी के परमाणुओं के संयोजन से पैदा हुई हैं। ये शाश्वत हैं। वायुमंडल परमाणु नहीं है पर एक है। इसमें ईश्वर के अस्तित्व को सिद्ध करने के लिए कई तर्क दिए गए हैं। इन्हें ब्रह्मांड के प्रभावी कारणों के रूप में देखा जाता है। इसे मुक्ति खुशहाली की नहीं बल्कि कष्ट और दुःख की अवस्था माना जाता है।

5. वैशेषिक : इसकी स्थापना कणाद ऋषि ने की थी। इसके ज्यादातर विचार न्यायदर्शन के समान हैं। इसमें मुक्ति की वास्तविकता का सही ज्ञान कितना महत्त्वपूर्ण है इसी पर विचार किया गया है। वैशेषिक दर्शन वास्तविकता की खोज को समर्पित है। यह सात भागों में बँटा हुआ है—गुणवत्ता, क्रिया, सामान्यीकरण, विशेषता, समवाय और अस्तित्वविहीनता या अभाव। यह मस्तिष्क को परमाणु

मानता है पर आत्मा को शाश्वत और परिर्वतनशील। वैशेषिक दर्शन में प्रत्यक्ष ज्ञान और अनुमान के वैध स्वतन्त्र प्रमाणों के रूप में मान्यता प्राप्त है, तथा इसमें तुलना और मौखिक साक्ष्य को अनुमान में घटित किया गया है। कार्योद्‌भावना की दृष्टि में ईश्वर और मुक्ति का मिलन 'न्याय' दर्शन है।

6. सांख्य : द्वैतवादी यथार्थ या वास्तविकता की शाखा की नींव कपिल ऋषि ने रखी। यह पारस्परिक तौर पर दो स्वतंत्र निरपेक्ष वास्तविकता पर विश्वास करती है; जैसे 'प्रकृति और पुरुष'। आवश्यक तौर पर चैतन्य 'पुरुष' प्रतिभाशाली है। यह आत्मा है जो शरीर, संवेदना और मस्तिष्क से अलग है। यह विश्व में हो रहे परिवर्तन का साक्षी है पर अपने आप में शाश्वत है। और परिवर्तन का विषय नहीं है। 'पुरुष' वह है जो प्रकृति के उत्पादों का आनंद उठाता है। सांख्य दर्शन में पुरुषों की बहुलता की वकालत की गई है। दूसरी तरफ 'प्रकृति' अचेतन और शाश्वत है। विश्व का पहला सिद्धांत यही है। यह मानता है कि प्रकृति लगातार परिवर्तनशील है और पुरुषों के भोग के लिए बनी है। यह सत्व, रज और तमस् इन तीन गुणों का मिश्रण है। जिन्हें विकास की शुरुआत में पूरे संतुलन के साथ रखा गया था। प्रकृति का यह संतुलन पुरुष के निकट आने से विघटित हो जाता है। और तीनों गुण अलग-अलग अनुपात में संयोजित होने लगते हैं। इस तरह दुनिया में जो भी है वह इन तीन गुणों का एक या दूसरे अनुपात में संयोजन है। जहाँ तक ज्ञान के सिद्धांत का संबंध है सांख्य प्रत्यक्ष ज्ञान, अनुमान और साक्ष्य को ज्ञान के साधन के तौर पर स्वीकारती है। यह निश्चित तौर पर आस्तिक है पर अनीश्वरवादी है। इसमें जीवन को दुःखदायी और मुक्ति को सभी दुःखों से निर्वाण माना गया है। यह हमें मुक्ति नहीं दिला सकता पर मुक्ति के रास्ते पर ले जा सकता है। यह रास्ता आध्यात्मिक प्रशिक्षण और योगाभ्यास से प्राप्त किया जा सकता है।

7. योग : इस मत की स्थापना पतंजलि ने की थी जो सांख्य दर्शन से जुड़े हुए थे। इसमें सांख्य दर्शन के सिद्धांतों की मान्यता है। हालाँकि सांख्य दर्शन सैद्धांतिक है और योग अभ्यास पर आधारित। इन्हें एक ही व्यवस्था के दो पक्षों के तौर पर देखा जाता है। भेदभाव पूर्ण ज्ञान या 'विवेकज्ञान' मुक्ति के लिए आवश्यक है और इसे योगाभ्यास से प्राप्त किया जा सकता है। योगाभ्यास ऐसा अनुशासन है जो प्राचीन काल से चला आ रहा है। इसका चूंकि सांख्य दर्शन से गहरा संबंध है इसलिए इसमें अपने विशिष्ट दर्शन को विकसित करने के प्रयास हुए हैं, जो कि सांख्य दर्शन से मिलते-जुलते हैं। इसे योग के अंतर्गत 'चित्तवृत्तिनिरोध' या सभी कार्यों से निर्वाण कहा गया है। इसका उद्देश्य ऐसी आत्माओं से सुरक्षा करना है जिनकी पहचान गलत है। योग अपने दर्शन के लिए तो नहीं पर, पूरे विश्व में जाना जाता है। या कहें इसकी अभ्यासगत प्रसिद्धि है। हालाँकि योग को आमतौर पर लोग सिर्फ आसन ही समझते हैं। पर इसके अभ्यास के लिए आठ चरण निर्धारित किए

गए हैं। जिसमें आत्मा और बाहर की शुद्धि, आत्मानुशासन, शारीरिक चुस्ती, ध्यान पर जोर दिया गया है। इससे चेतना और मानसिक शक्ति का विकास होता है। ये चरण हैं—यम, नियम, आसन, प्राणायाम, प्रत्याहार, धारण-ध्यान और समाधि। इससे निर्वाण में मदद मिलती है। पाँच यम हैं अहिंसा, सत्य, अपरिग्रह, अस्तेय और जितेन्द्रियता। ये व्यवस्था में नैतिकता या न्याय के सूचक हैं। यह शाखा ब्रह्म या ईश्वर की उपस्थिति को स्वीकार करता है।

8. मीमांसा : इस दर्शन की स्थापना जैमिनी ने की थी। इसका मुख्य उद्देश्य वेदों में वर्णित कर्मकांड के पक्ष को मजबूत करना है। न्यायसंगत साबित करना है। इस पूरे अध्यात्म का उद्देश्य इसे मदद देना ही है। इसे ध्यान में रखते हुए यह कहा गया है कि वेद शाश्वत हैं। ये त्रुटियों से रहित हैं और हमें उनकी सत्ता को बिना किसी शंका के मान लेना चाहिए। वेदों की सत्ता सर्वोपरि है। इसमें कहा गया है कि यदि वेदों में दिए गए कर्मकांड रुचिहीन तरीके से किए जाएँ तो वे कर्म को नष्ट कर देते हैं और मृत्यु के बाद मुक्ति नहीं मिल पाती। इसमें कहा गया है कि विश्व हमेशा से ऐसा ही था। विश्व की वास्तविकता से परे इसमें आत्मा की वास्तविकता पर भी जोर दिया गया है। आत्मा को अमर कहा गया है क्योंकि उसके बिना उन कर्मकांडों का औचित्य कैसे सिद्ध किया जा सकेगा जो स्वर्ग ले जाने में मदद करती हैं। प्रभाकर मत में प्रत्यक्ष ज्ञान, अनुमान, तुलना, साक्ष्य की वैधता को मंजूरी दी गई है। कुमारिल मत में प्रमाणों की असंज्ञेयता की बात है। मीमांसा दर्शन में ईश्वर का कोई स्थान नहीं है। इस संप्रदाय को मीमांसा इसलिए कहा गया है क्योंकि यह वेदों का ही विकास है।

9. वेदांत : वेदांत दो शब्दों वेद और अंत से मिलकर बना है। जिसका अर्थ है वेदों का अंत। इस संप्रदाय की शुरुआत वहाँ से होती है जहाँ से वेद समाप्त हो जाते हैं जैसे उपनिषद। वेदांत, गीता और ब्रह्मसूत्र पर भी निर्भर है जिनमें पहली बार उपनिषदों के संपूर्ण सार को सफलतापूर्वक समाहित किया गया है। हालाँकि ब्रह्मसूत्र को वेदांत दर्शन की बुनियाद माना जाता है पर यह सूत्रों की स्पष्ट दार्शनिक स्थिति नहीं है। इसमें व्याख्या के लिए अभी स्थान है। कई दार्शनिक इसे उस दर्शन को औचित्यपूर्ण ठहराने की प्रक्रिया बताते हैं। उनका दावा है कि शंकर द्वारा हुई वेदांत की यह व्याख्या सबसे सशक्त है। उनका अद्वैतवाद का दर्शन वेदांत दर्शन का ही प्रतिनिधित्व है। वेदांत एकात्मवाद पर विश्वास करता है और इसका अध्यात्म इसी सिद्धांत पर आधारित है। यह दुनिया को परम सत्य नहीं मानते। ये प्रभाकर मीमांसक की तरह ज्ञान के छह साधनों में विश्वास करते हैं। जैसे—प्रत्यक्ष ज्ञान, अनुमान, तुलना, साक्ष्य, परिकल्पना और अबोधगम्यता।

भारतीय दर्शन के सभी संप्रदाय एक-दूसरे से अलग विकसित नहीं हुए हैं बल्कि इनका आपस में अंतःसंबंध है। प्रत्येक ने अपने सिद्धांत को दूसरे संप्रदाय

द्वारा की गई आलोचना से बचाया है और इसी तरह अपने सिद्धांत से दूसरे को चुनौती देने के लिए अपने को विकसित किया है। इसीलिए किसी संप्रदाय विशेष का विकास दूसरे संप्रदायों के संदर्भ को समझे बिना नहीं समझा जा सकता। भारतीय दर्शन के सच्चे अर्थ को लेकर वैचारिक मतभेद हो सकता है। आम धारणा यह है कि 'दर्शन' शब्द 'दृश' शब्द से बना है। दर्शन का अर्थ है जो हमें परम सत्य को 'देखने में' सहायक है। पूर्व में चर्चित हरेक अध्ययन शाखा का उद्देश्य मुक्ति प्राप्ति में सहायक होना है। इसलिए इस बात पर सहमत होना ही है कि वह यथार्थ में 'दर्शन' ही है।

ज्ञान क्या है

श्वेता लिखती हैं—इस प्रश्न का सीधा-सादा उत्तर देना संभव नहीं है कि 'ज्ञान क्या है?' क्योंकि इसका उत्तर देने के अनेक और विभिन्न प्रकार हो सकते हैं। हम इस प्रश्न का उत्तर जिस प्रकार देते हैं उसी प्रकार हमें ज्ञान के विभिन्न रूपों का अहसास होता है जैसे 'ज्ञान कैसे' अथवा 'वह जो ज्ञान है'। मैं यह कह सकता हूँ कि मैं किसी को जानता हूँ अथवा मुझे यह पता है कि चुते हुए नल को कैसे ठीक करना है। अथवा मुझे यह पता है कि कुछ बिल्लियाँ काली हैं। हम यह देख सकते हैं कि इनमें से हरेक ज्ञान का उदाहरण है, पर उनमें से प्रत्येक में अंतर है। पहले मामले में मैं किसी से परिचित हूँ। दूसरे मामले में मेरे पास कौशल है। तीसरे मामले में मुझे तथ्य का ज्ञान है। 'ज्ञानवाद' अर्थात 'ज्ञान का सिद्धांत' मूलतः तीसरे प्रकार से संबंधित है अर्थात तथ्यों का ज्ञान अथवा प्रस्थापनीय या साध्यात्मक ज्ञान। प्रस्थापनीय ज्ञान को मत या आस्था की एक किस्म माना जाता है। अब हमें मत या धारणा के गुणों को तय करना चाहिए जिनके आधार पर मत ज्ञान का स्वरूप लेता है। ज्ञान का पारंपरिक वर्णन जिसकी परिधि में पश्चिमी दर्शन घूमता है, सत्य एवं न्यायता को उन मतों का आवश्यक गुण मानता है, जिन्हें ज्ञान के रूप में गिना जाएगा। पश्चिमी ज्ञानवाद ज्ञान को न्याय, सत्यमत के रूप में परिभाषित करता है। इस परिभाषा के अनुसार यह तभी सिद्ध होगा कि 'प' को 'अ' जानता है। यदि एवं सिर्फ यदि वह निम्नलिखित शर्तों पर खरा उतरता है—

(क) प,

(ख) अ का मत है कि प, एवं

(ग) अ का मत कि प सत्य है या न्याय संगत है।

ज्ञान एवं प्रमा

सामान्यतः लोगों की यह धारणा है कि भारतीय दर्शन में सर्वप्रयुक्त संस्कृत शब्द 'ज्ञान' पश्चिमी अवधारणा में जानकारी शब्द के अनुरूप है। 'ज्ञान' शब्द का

अर्थ सभी प्रकार के बोध से है कि क्या सही है या क्या गलत है। इसलिए यथार्थ ज्ञान या सत्य के संज्ञान को 'प्रमा' कहा गया है। यह ज्ञान के समान है। यह स्पष्ट है कि इन दोनों अवधारणाओं में अंतर है। पश्चिमी अवधारणा के अनुसार ज्ञान मतों या विचारों के समुच्चय का उपसमुच्चय है। भारतीय अवधारणा के अनुसार प्रमा मतों का नहीं बल्कि बोध का उपसमूह या उपसमुच्चय है। इसके परिणामस्वरूप इन दो दर्शनों के मध्य में और भी अंतर दिखाई देता है। पश्चिमी दर्शन में ज्ञान या जानकारी का अर्थ है ऐसा मत जो सत्य है। जैसे ही कोई मत झूठा साबित होता है वह ज्ञान की श्रेणी से हट जाता है इसलिए ज्ञान को सच्चे ज्ञान एवं झूठे ज्ञान में विभाजित नहीं किया गया है। सच्चे ज्ञान की अवधारणा पुनरुक्ति अर्थात एक बात का दूसरे शब्दों में दुबारा कथन है और झूठे ज्ञान की अवधारणा का प्रत्याख्यान है अर्थात विपरीत वक्तव्य है जिसका अर्थ है ज्ञान शून्य। पश्चिमी दर्शन में अवैध ज्ञान का कहीं कोई जिक्र ही नहीं है। दूसरी ओर भारतीय दर्शन में ज्ञान को वैध ज्ञान अथवा 'प्रमा' एवं अपुष्ट/अमान्य ज्ञान अथवा 'अप्रमा' में वर्गीकृत किया गया है। भारतीय दर्शन में किसी भी अवधारणा की एकल परिभाषा संभव नहीं है क्योंकि प्रत्येक अध्ययन शाखा अवधारणाओं को अपने दर्शन के अनुसार परिभाषित करता है। इसलिए हम ज्ञान की किसी भी ऐसी परिभाषा पर चर्चा नहीं कर सकते जो कि भारतीय दर्शन की सभी अध्ययन शाखाओं पर समान रूप से लागू हो। लेकिन सभी अध्ययन शाखाएँ इस बात पर सर्वसम्मति से सहमत हैं कि 'प्रमा' के आवश्यक गुणों में सत्य शामिल हैं। लेकिन फिर से अध्ययन शाखाओं का सत्य के अर्थ के बारे में अलग-अलग मत हैं और उनके सत्य संबंधी कम से कम चार भिन्न दृष्टिकोण हैं।

अधिकतर बौद्ध अध्ययन शाखाएँ और कुछ अन्य दार्शनिकों का मत है कि ज्ञान का सत्य उसकी व्यावहारिक उपयोगिता में निहित है। अपने-अपने तरीके से इन दार्शनिकों ने बोध के सत्य को उसकी उपयोगधर्मिता में निहित माना है। अर्थात किसी ऐसे उद्देश्य को उद्घाटित करने की उसकी क्षमता जिससे कोई मकसद पूरा हो अथवा कोई लक्ष्य प्राप्त हो सके। यह दृष्टिकोण पश्चिमी दर्शन के प्रयोगधर्मी सिद्धांत से अत्यंत मिलता-जुलता है।

यथार्थवादी होने के नाते नैयायिकों का मत है कि सत्य तो ज्ञान द्वारा अपने उद्देश्य को उद्घाटित करने में बरती गई निष्ठा में निहित है। खालिस ज्ञान वह है जो उस जगह पर किसी वस्तु के अस्तित्व का हमें भान कराता है जहाँ वह सचमुच स्थित है अथवा जिससे हमें किसी वस्तु के ऐसे गुण के बारे में पता चलता है जो उसमें सचमुच निहित है। यथार्थवाद का यह दृष्टिकोण पश्चिमी दर्शन के तदानुरूपता सिद्धांत के समान ही है।

कुछ दार्शनिकों का मत है कि सत्य दरअसल अनुभव योग्यता में निहित है। उनका मानना है कि सच्चा ज्ञान वही है जो अन्य अनुभवों के तदानुरूप है। अर्थात

यह अन्य अनुभवों से सामंजस्यपूर्ण हो। यह दृष्टिकोण पश्चिमी दर्शन के सामंजस्य सिद्धांत या सुसंगति सिद्धांत से मिलता-जुलता है।

वेदांत के अद्वैत संप्रदाय में सत्य को अकाट्य माना गया है। उनका मत है कि ज्ञान की प्रभावशीलता उसकी अकाट्यता में निहित है। ज्ञान की सत्यता वह है जिसे उत्तरवर्ती ज्ञान झूठा सिद्ध न कर सके।

इस प्रकार हम देखते हैं कि ज्ञान की सभी अध्ययन शाखाओं के विभिन्न प्रतिरूपणों में एक गुण साझा है—सत्यता और इसी से ज्ञान की अवधारणा के इतने विविध अर्थ प्राप्त होते हैं। लेकिन ज्ञान की प्रामाणिकता के लिए सत्य को एकमात्र शर्त मानने से यह समस्या हो जाएगी कि स्मृति जो सत्य से काफी दूर होती है। उपरोक्त अर्थों में जहाँ तक भी सच हो, को 'प्रमा' से संबंधित मान लिया जाएगा। इससे अनेक दार्शनिक असहमत होंगे। क्योंकि स्मृति अप्रामाणिक ज्ञान है और इसे 'प्रमा' का हिस्सा नहीं माना जाना चाहिए। ज्ञान की अवधारणा में ऐसे किसी समावेश को रोकने के लिए कुछ अपवादों को छोड़कर लगभग सभी अध्ययन शाखाओं का मत है कि सत्य होने के साथ-साथ ज्ञान की अंतर्वस्तु का नया होना अथवा पूर्व में अज्ञात होना आवश्यक माना जाना चाहिए।

आत्यंतिक रूप में ज्ञान के तत्वशास्त्रीय स्वरूप को तय करने में हमेशा समस्या आती रही है। क्योंकि ज्ञान की क्रियाशीलता के सिद्धांत के अनुसार ज्ञान गतिविधि है, अथवा संबंध है, अथवा गुण है, इस बारे में मतभिन्नता है। ज्ञान के कार्यसिद्धांत के अनुसार ज्ञान तो क्रियाशीलता है इस सिद्धांत के अनुसार जब कोई एकाग्र नहीं होता तो उसे आवाजें अथवा वस्तुएँ महसूस नहीं होतीं। भले ही वह वहाँ मौजूद हों। यदि उन्हें महसूस करना है तो उसके दिमाग को उनके प्रति प्रतिक्रियारत होना पड़ेगा और उनके प्रति उदासीन होने से काम नहीं चलेगा। इस प्रकार ज्ञान की प्रक्रिया में मस्तिष्क वस्तुओं को सक्रिय रूप में महसूस और उन्हें प्रकाशित करता है। इस प्रकार ज्ञान तो गतिविधि है। बौद्ध और मीमांसा प्रणालियों में भी इस दृष्टिकोण की पुष्टि की गई है।

ज्ञान के अंतःसंबंध सिद्धांत के अनुसार ज्ञान तो मस्तिष्क, वस्तु तथा अंतर्वस्तु के बीच संबंध है। इन तीनों के बीच संबंध हो सकता है, जैसे मुझे जब किसी बर्तन का ज्ञान होता है तो मेरा मस्तिष्क उसके बर्तन होने की अंतर्वस्तु के माध्यम से बर्तन के साथ संबंधित हो जाता है। कुछ दार्शनिकों ने इसे दो शब्दों के बीच स्थित संबंध के रूप में समझा है। जैसे मस्तिष्क तथा वस्तु। जबकि कुछ अन्य दार्शनिकों ने ज्ञान को एक ही प्रकार के शब्दों या पदों के बीच संबंध तक सीमित कर दिया है।

ज्ञान की गुणवत्ता सिद्धांत के अंतर्गत ज्ञान को गुण का प्रतीक माना जाता है। लेकिन इस बारे में अध्ययन शाखाओं में असहमति है कि यह किसका गुण है। सांख्य एवं योग प्रणालियों की मान्यता है कि बुद्धि आधार है और ज्ञान उसका गुण

अथवा उपान्तरण। नैयायिकों तथा वैशेषिकों की मान्यता है कि पदार्थ की आत्मा मूल है और ज्ञान उसकी शाखा है। और इसको संलग्नता के विशिष्ट समवाय के द्वारा अलग किया जा सकता है। वेदांत के रामानुज संप्रदाय का मत है कि ज्ञान तो आत्मा का आवश्यक गुण है।

अभी तक हमने 'प्रमा' के गुणों और स्वभाव पर चर्चा की है। अब हम ज्ञान के वर्गीकरण पर भी नजर डालते हैं ताकि हम 'अप्रमा' अथवा अनधिकृत/अपुष्ट ज्ञान की अवधारणा को भी समझ सकें। इसका सबसे तार्किक वर्गीकरण तालिका के माध्यम से होगा जिसमें न्याय एवं अद्वैत संप्रदायों का तालमेल रहे। और उसमें सभी 'अप्रमा' (अनधिकृत/अपुष्ट ज्ञान के प्रकार) तथा अधिकतम 'प्रमाण' (पुष्ट ज्ञान के स्रोत) भी शामिल हों। तालिका को निम्नलिखित रूप में प्रस्तुत किया जा सकता है :-

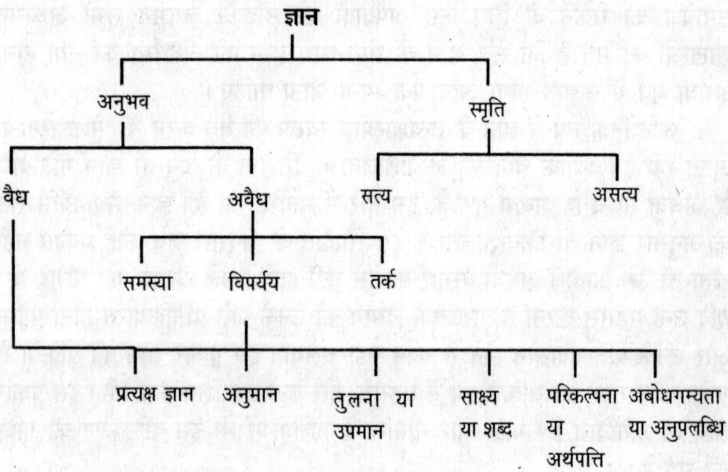

उपर्युक्त तालिका में हम देख सकते हैं कि समस्त ज्ञान को इंद्रियानुभूत, अनुपलब्धि के आधार पर अथवा पूर्व अनुभव की छवि अर्थात स्मृति में वर्गीकृत किया गया है। अनुभव को प्रमा तथा अप्रमा में विभक्त किया गया है। प्रमा इन छह प्रकारों में से कोई भी हो सकता है- प्रत्यक्ष, अनुमान, उपमान, शब्द, अर्थपत्ति तथा अनुपलब्धि। अपुष्ट ज्ञान की दशाएँ हैं—संशय, विपर्यय तथा तर्क। फिलहाल यहाँ अनधिकृत/अपुष्ट ज्ञान की अवस्थाओं पर चर्चा करते हैं—

(अ) स्मृति : भारतीय ज्ञानमीमांसा में 'स्मृति' की खास जगह है। यह अपुष्ट ज्ञान नहीं है लेकिन यह पुष्ट ज्ञान भी नहीं है क्योंकि प्रमा की शर्त के अनुरूप इसमें

'पहले अज्ञात' होने का आवश्यक गुण नहीं है। स्मृति ऐसी अवस्था है जिसमें याद की गई वस्तु अनुपस्थित है। स्मृति में ऐसा होता है कि हम किसी वस्तु के पिछले अनुभव को सँजो लेते हैं और उसके बारे में जब सोचते हैं तो दिमाग में उसकी छवि आ जाती है। यथार्थ याद की गई वस्तुओं के वास्तविक स्वभाव को दर्शाता है। जबकि अयथार्थ याद की गई वस्तुओं के मूल स्वभाव से मेल नहीं खाता। स्मृति को प्रमा मान लेने का जहाँ तक प्रश्न है तो इससे कोई फर्क नहीं पड़ता कि कोई स्मृति सच्ची है अथवा झूठी क्योंकि प्रमा की तो परिभाषा में ही स्मृति को शामिल नहीं किया गया।

(आ) संशय या समस्या : संशय न तो ज्ञान की अनुपस्थिति है और न ही ज्ञान का खंडन है। ऐसा तब होता है जबकि एक ही वस्तु के बारे में आपस में विपरीत एकाधिक मान्यताएँ साथ-साथ बोधगम्य हो जाएँ। संशय होने पर मस्तिष्क में एक ही वस्तु के बारे में विरोधाभासी मान्यताएँ आपस में टकराती रहती हैं। जब हम एक ही समय में किसी वस्तु की दो अथवा उससे अधिक विरोधाभासी प्रवृत्तियों पर विचार करते हैं। तब हमें ऐसा निश्चित बोध नहीं होता जो विरोधाभासी विकल्पों के बीच निर्णय में सहायक हो सके। संशय उत्पन्न होता है। संशय सत्य अथवा झूठ का बोध नहीं है लेकिन इसे बोध की कमी भी नहीं कहा जा सकता। लेकिन बोध या संज्ञान एक ही वस्तु के बारे में आपस में विशिष्ट गुणों की प्रवृत्तियों का नाम है।

(इ) विपर्यय : विपर्यय अपुष्ट ज्ञान है। इस प्रकार से प्रमा अथवा पुष्ट ज्ञान का विलोम है। प्रमा में हम किसी वस्तु को उसके वास्तविक रूप में पहचानते हैं जबकि विपर्यय अथवा अपुष्ट ज्ञान में हम वस्तु को अवास्तविक रूप में देखते हैं। विपर्यय में हम यह मानते हैं कि वस्तु में कुछ ऐसे गुण हैं जो उसमें मौजूद नहीं होते हैं, इस कारण हम वस्तु का संज्ञान काल्पनिक रूप में कर लेते हैं। उदाहरण के लिए जब हम रस्सी को भूल से साँप समझ लेते हैं तो रस्सी में साँप के गुण देखते हैं। जबकि उसकी वैसी कोई प्रवृत्ति नहीं होती है। विपर्यय और संशय में अंतर है। संशय में दो अथवा अधिक विकल्पों के बीच अनिश्चय की स्थिति रहती है तथा मस्तिष्क में अनिर्णय की स्थिति बन जाती है और उसके कारण यह अपुष्ट संज्ञान है। विपर्यय में निश्चितता का तत्त्व है क्योंकि किसी वस्तु के बारे में पक्का दावा किया जाता है। लेकिन वह झूठा होता है क्योंकि वह वस्तु की वास्तविक प्रवृत्तियों को नकारता है।

(ई) तर्क : जब किसी खास मुद्दे पर दो समान रूप से युक्ति संगत तथापि विरोधाभासी विकल्प उपलब्ध हों और हम उनके बीच में से अनिश्चितता खत्म करने के लिए कोई एक चुन न पाएँ तो हम कभी-कभी काल्पनिक तर्क का सहारा लेते हैं। यह तर्क अपने पक्ष में तार्किक कार्य-कारण, उदाहरण देकर दूसरे के विरुद्ध पहले विकल्प का समर्थन करता है ताकि निर्णय करना आसान हो जाए। काल्पनिक तर्क

की प्रक्रिया ऐसी है जिसे हम किसी विकल्प को स्वीकृत अथवा खारिज करने के परिणामों की पड़ताल करके आरंभ करते हैं। यदि इसे सत्य स्वीकार करके हम विरोधाभास में पड़े तो हम यह कह सकते हैं कि फलां विकल्प अपुष्ट है तथा दूसरा विकल्प तर्कसंगत है। इसी प्रकार यदि इसको असत्य कहकर खारिज करने से हम किसी विरोधाभास में पड़ते हैं तो हम कह सकते हैं कि फलां विकल्प तर्क संगत है तथा दूसरा विकल्प अपुष्ट है। तर्क को पुष्ट ज्ञान अथवा प्रमाण का स्वतंत्र स्रोत नहीं माना जाता बल्कि इसे प्रमाण का सहायक माना जाता है। इसका कारण यह है कि किसी विकल्प को असंगत बता देने का अर्थ यह नहीं है कि कोई दूसरा विकल्प स्वयं पुष्ट सिद्ध हो जाता है। लेकिन इस तथ्य से भी इनकार नहीं किया जा सकता कि यह परिणाम निर्धारण की प्रक्रिया में सहायक होता है। यह हालाँकि न तो अपने आप में असंगत और न ही अपुष्ट ज्ञान है लेकिन यह तर्क संगत ज्ञान के स्वतंत्र साधन की कसौटी पर तब भी खरा नहीं उतर पाता।

हमारे लिए यह जानना आवश्यक है कि ज्ञान क्या है इसके साथ ही हमें इस बात की जानकारी होना भी उतना ही महत्त्वपूर्ण है कि तर्कसंगत ज्ञान तथा असंगत/अपुष्ट ज्ञान में क्या अंतर है, ताकि हम प्रत्येक श्रेणी के उदाहरणों को कम संशय एवं अधिक निश्चिततापूर्वक पहचान सकें।

भारतीय परंपरा में ज्ञान की अवधारणाएं

ज्ञान के भारतीय सिद्धांत को बेहतर रूप में समझने के लिए यह महत्त्वपूर्ण है कि हम कुछ प्रमुख विचारों एवं अवधारणाओं को समझ लें। आइए हम ज्ञान की परिकल्पना से आरंभ करें। भारतीय दर्शन में ज्ञान संबंधी सभी परिकल्पनाओं के लिए 'बोध' मुख्य पृष्ठभूमि है। बोध दरअसल चेतना है जो किसी भी व्यक्ति में किसी भी वस्तु के प्रसंग से पैदा होती है। सभी प्रकार की अनुभूतियों का तर्कसंगत ज्ञान की कसौटी पर खरा उतरना आवश्यक नहीं है।

सापेक्ष ज्ञान या संबंधात्मक ज्ञान : सापेक्ष ज्ञान के सभी मामलों में चार प्रमुख कारक हैं—ज्ञाता, ज्ञेय, ज्ञान प्राप्ति की प्रक्रिया तथा उसके परिणामस्वरूप प्राप्त ज्ञान। सभी बोधगम्य प्रतिष्ठान 'प्रमथ' अर्थात व्यक्ति अथवा ज्ञाता को एक पक्ष तथा 'प्रमेय' अर्थात वस्तु अथवा ज्ञेय को दूसरा पक्ष मानकर चलते हैं। व्यक्ति अथवा आत्मन के बिना ज्ञान का अस्तित्व हो नहीं सकता। जो कि बुद्धि अथवा चेतना का आश्रय स्थल है। संज्ञान की वस्तुओं से लेकर भावनाओं तक, गतिविधियों से लेकर गुणों तक तथा अस्तित्ववान से लेकर अस्तित्वहीन तक समूची शृंखला में विद्यमान हो सकता है।

ज्ञानमीमांसा में निहित सबसे महत्त्वपूर्ण अवधारणा 'प्रमा' अथवा अपुष्ट ज्ञान की है। प्रमा की कोई निश्चित परिभाषा नहीं है। प्रत्येक दार्शनिक प्रणाली में प्रमा

की निजी पारिभाषित प्रवृत्तियाँ हैं। इन कसौटियों पर खरे उतरने वाले संज्ञानों-बोधों को विभिन्न अध्ययन शाखाओं द्वारा प्रमा माना जाता है।

ज्ञाता द्वारा पुष्ट ज्ञान प्राप्त करने के विभिन्न साधन हैं। प्रमा के इन साधनों को 'प्रमाण' कहा जाता है। पुष्ट ज्ञान का आवश्यक गुण प्रस्तुत करना है न कि प्रतिरूपण। इसलिए स्मृति एवं प्रत्यभिज्ञान के मामलों को प्रमाण अथवा उनसे प्राप्त होने वाले ज्ञान को प्रमा नहीं माना जाता। प्रमाणों की संख्या छह है जैसे—प्रत्यक्ष, अनुमान, उपमान, शब्द, अर्थपत्ति एवं अनुपलब्धि।

मत को इन प्रमाणों के अधिकार क्षेत्र में विभक्त किया गया है। यह विचार कि प्रत्येक प्रमाण का अधिकार क्षेत्र किसी अन्य के अधिकार क्षेत्र के मुकाबले आपस में विशिष्ट है। इसे 'प्रमाण-व्यवस्था' कहते हैं। एक और दृष्टिकोण भी है जिसका मानना है कि विभिन्न प्रमाणों के अधिकार क्षेत्र परस्पर मिलते हैं और एक-दूसरे से उनका एकदम अलग होना आवश्यक नहीं है। इस दृष्टिकोण को 'प्रमाण-संप्लव' कहा जाता है। इनमें से पिछले का बौद्ध पालन करते हैं और उनका दावा है कि उनके द्वारा स्वीकृत दो प्रमाण जैसे प्रत्यक्ष ज्ञान और अनुमान में से प्रत्येक का विशिष्ट एवं भिन्न अधिकार क्षेत्र है। उनके अनुसार किसी विशिष्ट अवधारणा को प्रत्यक्ष ज्ञान के द्वारा ही पुष्ट किया जा सकता है। इस संदर्भ में अनुमान का प्रयोग नहीं किया जा सकता। अनुमान का अधिकार क्षेत्र सिर्फ सार्वभौम तथ्यों तक सीमित है। दूसरी ओर न्याय एवं वैशेषिक की अध्ययन शाखाओं की आस्था बाद की मान्यताओं में है। उनकी मान्यता है कि किसी भी प्रमाण के कारण ज्ञात किसी वस्तु को परिस्थितियों में परिवर्तन के कारण किसी अन्य प्रमाण से भी जाना जा सकता है। वह प्रमाणों के अधिकार क्षेत्र को सीमित करने के विरुद्ध हैं।

सामान्यतः यह माना जाता है कि ज्ञान विषय के उद्देश्य स्वयं उद्घाटित कर देता है। लेकिन ज्ञान किस प्रकार ज्ञात है? जब किसी व्यक्ति को कुछ ज्ञात होता है जैसे कोई पुस्तक तो क्या उसे उस समय यह अहसास होता है कि उसे पुस्तक ज्ञात है? इस प्रश्न का सकारात्मक उत्तर देने वालों की मान्यता 'स्वतः-प्रकाशवाद' अर्थात ज्ञान की स्वयं को प्रकट करने की क्षमता का सिद्धांत और जो इस प्रश्न का नकारात्मक उत्तर देते हैं वह 'परतः-प्रकाशवाद' अथवा ज्ञान के बाह्य प्रकाशन के सिद्धांत के अनुयायी हैं। 'स्वतः-प्रकाशवाद' के सिद्धांत कहते हैं जब कोई व्यक्ति किसी वस्तु जैसे, 'जार' से परिचित है और उसे यह भी पता है कि 'यह जार है', उसे यह भी ज्ञात है 'मुझे जार का ज्ञान है'। जार तथा जार के ज्ञान से वह एक साथ परिचित है। सांख्य, प्रभाकर मीमांसक तथा अद्वैत वेदांती इसी सिद्धांत के अनुयायी हैं। उनके अनुसार ज्ञान की प्रवृत्ति ऐसी है जो अपनी वस्तु के साथ स्वयं प्रकाशित होती है। यह किसी अन्य प्रमाण में ज्ञात नहीं है। सूर्य के प्रकाश की तरह यह स्वयं चमकती है और किसी अन्य ज्ञात प्रकाश की मोहताज नहीं है। इसके विपरीत

'परतः-प्रकाशवादी' जिनका मत है कि ज्ञान स्वयं प्रकाशित नहीं होता बल्कि अन्य जानकारियाँ उसे उद्घाटित करती हैं। न्याय एवं भट्ट मीमांसा अध्ययन शाखाओं की यही मान्यता थी।

इसी प्रकार ज्ञान की तार्किकता के बारे में भी दो सिद्धांत हैं। इस विचार का समर्थक सिद्धांत की तार्किकता स्वयंसिद्ध है। उसे 'स्वतः-प्रमाण्यवाद' कहते हैं। यह दृष्टिकोण सांख्य, योग, वेदांत और प्रभाकर मीमांसा तथा भट्ट मीमांसा दोनों ही अध्ययन शाखाओं द्वारा माना जाता है। उनकी मान्यता है कि ज्ञान के उत्पादक कारकों का योग ही ज्ञान की तार्किकता को जन्म देता है। उनके अनुसार ज्ञान उसी क्षण प्रकट होता है जब उसे पैदा करने वाली विशिष्ट शर्तें पूरी होती हैं। प्रमा की पुष्टि उसके वास्तविक कारणों में निहित है और वह बाहरी कारकों द्वारा प्रदत्त नहीं है। यदि 'प्रमाण' कमियों से मुक्त है तो उसके परिणामस्वरूप प्राप्त ज्ञान स्वतः सिद्ध है। दूसरी ओर 'परतः-प्रमाण्यवाद' है अर्थात ज्ञान की बाह्य पुष्टि का सिद्धांत। इसके प्रवर्तक हैं—न्याय-वैशेषिक शाखाएँ। इस सिद्धांत के अनुसार ज्ञान की तार्किकता ज्ञान के कारकों पर नहीं बल्कि बाह्य परिस्थितियों पर निर्भर हैं। तार्किकता अतिरिक्त परिस्थितियों जैसे द्रष्टव्य प्रत्यक्ष ज्ञान के मामले में दृष्टि के अंग के ठीक होने, प्रकाश की प्रचुर मात्रा आदि पर निर्भर है। यह ज्ञान के कारकों से स्वतः प्रकट नहीं होती।

हम पीछे विपर्यय के विचार पर पहले ही चर्चा कर चुके हैं। अब हम मिथ्या धारणा अथवा ख्याति की अवधारणा का परीक्षण करते हैं जो कि प्रत्यक्ष ज्ञान, विपर्यय या त्रुटि का विशिष्ट मामला है। इसको 'अध्यास' भी कहते हैं। भ्रान्ति या मिथ्या दरअसल स्मृति, स्वप्न, दृष्टिभ्रान्त अथवा प्रत्यभिज्ञा से भिन्न है। मिथ्याधारणा में भी प्रस्तुत वस्तु सामान्य दृष्टिगत प्रत्यक्ष ज्ञान के समान ही बाह्य रूप में प्रतिष्ठित होनी चाहिए। फिर भी यह हमेशा मस्तिष्क के इतर स्तर पर आधारित होता है। मिथ्याधारणा में बाहर से थोपा जाना आवश्यक है। जो कि किसी आधार के बिना संभव नहीं है। मिथ्याधारणा दरअसल अचर होते हैं और दो ज्ञान हमेशा गड्डमड्ड हो जाते हैं। अवास्तविक अथवा पूर्णतः झूठी वस्तु जैसे किसी खरगोश के सींग। जोकि बोधगम्य नहीं है। इसलिए दो संज्ञान में से कोई एक पूर्णतः निराधार नहीं हो सकता। मिथ्याधारणा की परिकल्पना को समझाना इतना आसान नहीं है। जब किसी सीपी में चाँदी का भ्रम होता है तो क्या वैसा स्वयं वस्तु के कारण होता है अथवा वस्तु के प्रति हमारे विषय युक्त रवैए के कारण होता है? मिथ्याधारणा की समस्या से निपटने के लिए विभिन्न अध्ययन शाखाओं ने भिन्न-भिन्न मत दिए हैं। इनमें से प्रमुख निम्नलिखित हैं—

(1) बौद्ध दर्शन की माध्यमिका अध्ययन शाखा का 'असत्ख्यातिवाद' : इस अध्ययन शाखा का आवश्यक दर्शन सभी अस्तित्वों की अप्रामाणिकता अथवा

शून्यवाद है। अपने दर्शन के अनुसार माध्यमिक बौद्ध यह मानते हैं कि मिथ्या धारणा में असत् को ही सत् मान लेने की आशंका होती है। सीपी-चाँदी की मिथ्याधारणा में चाँदी को सत् मान लिया जाता है जबकि उसका कोई अस्तित्व कभी था ही नहीं लेकिन शून्यवादी होने के नाते वह कहते हैं कि सीपी भी चाँदी के समान ही मिथ्या है। अस्तित्वहीन अथवा अवास्तविक चाँदी समान रूप में अस्तित्वहीन अथवा अवास्तविक सीपी पर होने का भ्रम देती है। इस दृष्टिकोण की अन्य अध्ययन शाखाओं ने व्यापक आलोचना की है कि यदि सीपी एवं चाँदी, दोनों ही अस्तित्वहीन है तो फिर बाद में चाँदी का खंडन सीपी द्वारा कैसे हुआ।

(2) बौद्ध दर्शन के योगाकार अध्ययन शाखा का 'आत्मख्यातिवाद' : आदर्शवादी होने के कारण योगाकार बौद्ध बाह्य वस्तुओं के अस्तित्व को नकारते हैं लेकिन भीतरी विचारों के अस्तित्व को स्वीकारते हैं। उनकी मान्यता है कि आंतरिक विचारों के अलावा किसी का अस्तित्व नहीं है। उनके अनुसार शून्यवादियों के दावे के बावजूद चाँदी पूर्णतः अवास्तविक नहीं है। आंतरिक बोध के रूप में चाँदी सीपी के समान ही वास्तविक है। मिथ्या का भ्रम तब होता है जब हम उसे बाह्य वस्तु के रूप में मानने लगते हैं। इस दृष्टिकोण की इस आधार पर आलोचना की गई है की यदि सीपी एवं चाँदी दोनों ही भीतरी बोध के रूप हैं तो फिर पुष्टि योग्य प्रत्यक्ष ज्ञान तथा भ्रम के बीच कोई अंतर हो नहीं सकता।

(3) न्याय अध्ययन शाखा का 'अन्यथाख्यातिवाद' : अपने अस्तित्वादी दृष्टिकोण के बावजूद नैयायिकों का मत है कि सृष्टि में सभी कुछ वास्तविक है। उनके अनुसार मिथ्या में किसी वस्तु को उसके वास्तविक स्वरूप को अन्यथा समझ लिया जाता है। सीपी तथा चाँदी दोनों कां ही अलग-अलग अस्तित्व है। सीपी इंद्रियानुभूत है। चाँदी का बोध किसी अन्य स्थान पर अथवा किसी अन्य समय में है। रोशनी की कमी अथवा कुंद दृष्टि जैसी किसी समस्या के कारण सीपी को सीपी के रूप में नहीं देखा जाता। उसके बजाये चाँदी याद आ जाती है और सीपी को ही चाँदी समझने का भ्रम हो जाता है। मिथ्या, गलत अनुमान अथवा प्रस्तुत (सीपी) तथा निरूपित (चाँदी) के गलत संश्लेषण के कारण हुआ है। इस दृष्टिकोण की आलोचना इस आधार पर की गई है कि चाँदी को वास्तविक मानने के लिए उसका 'यहाँ और अभी' मौजूद होना आवश्यक है न कि और कहीं।

(4) सांख्य अध्ययन शाखा का 'सदासत्ख्यातिवाद' : सांख्यों का कहना है कि विभिन्न परिस्थितियों में समान वस्तु को वास्तविक तथा अवास्तविक माना जा सकता है। इसलिए वे मानते हैं कि मिथ्या में वास्तविक एवं अवास्तविक वस्तु होने की आशंका रहती है। सीपी को जब भूल से चाँदी मान लिया जाता है तो चाँदी वास्तविक सत् है और सुनार की दुकान में मौजूदगी से दूर है। लेकिन जब वह सीपी पर बाह्य रूप में थोपी गई है तब असत् अथवा अवास्तविक है। वह मिथ्या को

वास्तविक एवं अस्तित्वहीन वस्तु के संश्लिष्ट प्रत्यक्ष ज्ञान के रूप में व्याख्यायित करते हैं। इस दृष्टिकोण को निराधार माना जाता है क्योंकि इसमें यह माना गया है कि असत् को भी महसूस किया जा सकता है। यह अधिकतर अध्ययन शाखाओं को अमान्य लगता है।

(5) प्रभाकर मीमांसा अध्ययन शाखा का 'अख्याति सिद्धांत' : प्रभाकर मीमांसक मानते हैं कि मिथ्या अथवा भ्रांति किसी वस्तु को किसी अन्य रूप में गलत समझ लेने के कारण नहीं होती बल्कि उनके मध्य अंतर करने में विफल रहने पर होती है। सीपी की चमक की धुँधली समझ के कारण चाँदी की याद ताजा हो जाती है। इस प्रकार हम वर्तमान वस्तु (सीपी) तथा याद रही वस्तु (चाँदी) के बीच अंतर नहीं कर पाते। मिथ्याभान तब होता है जब हम प्रत्यक्षदर्शन तथा स्मृति के बीच अंतर को नहीं समझ पाते। यह दृष्टिकोण टिकाऊ नहीं है क्योंकि मिथ्या में त्रुटि भूल जाने की निष्क्रिय प्रतिक्रिया नहीं है बल्कि अधिकृत सक्रिय कार्यवाही है।

(6) भट्ट मीमांसा का 'विपरीतख्याति सिद्धांत' : इस अध्ययन शाखा का दावा है कि मिथ्यानुभूति दो संज्ञानों के बीच अंतर करने में मात्र भूल का परिणाम नहीं है, बल्कि ऐसी दो असंबद्ध, अपूर्ण संज्ञानों के एकल संबद्ध ज्ञान के रूप में गलत संश्लेषण की अधिकृत कार्रवाई है। सीपी तथा चाँदी के व्यक्तिगत गुणों की अनदेखी करके सफेद तथा चमकीले होने जैसे सामान्य गुणों के कारण सीपी को गलती से चाँदी मान लिया गया। दोनों बोध हालाँकि तथ्य रूप में संबद्ध नहीं हैं। लेकिन संदेह में वह ऐसे ही प्रतीत होते हैं। एक वस्तु को दूसरी वस्तु जैसा समझ लिया जाता है, जबकि वह वस्तु वास्तविकता में वैसी नहीं होती। यह सिद्धांत हालाँकि न्याय अध्ययन शाखा के 'अन्यथाख्याति सिद्धांत' से मिलता-जुलता है लेकिन दोनों के मध्य महत्त्वपूर्ण अंतर है। 'अन्यथाख्याति' में किसी बोध को भूलवश किसी अन्य रूप में संज्ञानित कर लिया जाता है जबकि 'विपरीतख्याति' में दो आंशिक बोधों को आपस में जोड़कर एक मान लिया जाता है। इस दृष्टिकोण के साथ समस्या यह है कि यह विपर्यय को कर्ता द्वारा किया गया कार्य स्वीकार करता है। इससे ज्ञान के अंतर्निहित पुष्टि के इसके सिद्धांत का खंडन होता है जिसके अनुसार यदि प्रमाण पुष्ट है तो फिर ज्ञान स्वाभाविक रूप में प्रमाणित होगा और यह मानता है कि इसमें कर्ता की कोई भूमिका नहीं होती।

(7) अद्वैत वेदांत संप्रदाय का 'अनिर्वचनीयख्याति सिद्धांत' : सभी सिद्धांतों ने अब तक यह माना है कि सीपी-चाँदी भ्रम में चांदी वहाँ मौजूद नहीं होती जहाँ वह प्रतीत होती है। लेकिन यह तर्क निराधार है क्योंकि भ्रांति में भी बोध चूंकि तत्काल और प्रत्यक्ष है इसलिए चाँदी 'यहाँ और अभी' मौजूद होनी चाहिए न कि कहीं और। चाँदी वास्तविक नहीं हो सकती क्योंकि त्रुटि का पता लगते ही यह गायब हो जाती है। यह अवास्तविक भी नहीं है क्योंकि इसकी सचमुच धारणा की गई थी।

यह चाँदी सामान्य अनुभव से इतर श्रेणी की वस्तुओं में है। यह वास्तविक तथा अस्तित्वहीन, दोनों नहीं हो सकती। क्योंकि यह परस्पर विरोधी अभिव्यक्ति हैं और यह एक ही वस्तु में मौजूद नहीं हो सकती। यह न तो वास्तविक है और न ही अस्तित्वहीन। यह अपरिभाषिणीय अथवा 'अनिर्वचनीय' है। यह दृष्टिकोण यथार्थवादियों को स्पष्टतः अस्वीकार होगा। जिनके अनुसार प्रत्येक वस्तु वास्तविक, जानने योग्य, तथा नामकरण योग्य है।

ये भिन्न तरीके हैं जिनमें भारतीय दर्शन की विभिन्न अध्ययन शाखाओं ने मिथ्या की अवधारणा की व्याख्या का प्रयास किया है; जिसका बोध कभी-कभी प्रत्यक्षदर्शन के दौरान हो जाता है।

भारतीय ज्ञान प्रणालियों की विभिन्न पद्धतियाँ

भारतीय दर्शन के इतिहास से पता चलता है कि भारतीय ज्ञान प्रणालियाँ पद्धतियों में किसी समान्तर विकास के आधार पर पुष्पित नहीं हुईं हैं। दर्शन विज्ञान-प्राकृतिक अथवा सामाजिक विज्ञान जैसी विधाओं से भिन्न है। उन विधाओं में प्रत्यक्ष निष्कर्ष अध्ययन अत्यंत महत्त्वपूर्ण है। ऐसे विषयों में पद्धति संबंधी कोई भी कार्य इनके बोध प्रतिष्ठानों में तत्काल परिवर्तन दर्शाता है।

भारतीय ज्ञान प्रणालियों में व्यवस्था-निर्माण

हम यह कह सकते हैं कि भारतीय ज्ञान प्रणालियों ने जिस पद्धति को अपनाया, वह 'व्यवस्था-निर्माण' था। बहुत आरंभिक काल से इस प्रथा में अपने गुरु से सीखकर विचार तथा परंपरा को आगे प्रसारित करना था। इस लक्ष्य को विभिन्न प्रतियोगी सिद्धांतों तथा प्रतिद्वंद्वी अध्ययन शाखाओं के निष्ठुर आलोचनाओं के बावजूद प्राप्त करना होता था। भारतीय दर्शन की विभिन्न अध्ययन शाखाओं को दीर्घजीवी बनाए रखने के लिए यह आवश्यक था कि प्रत्येक प्रणाली अन्य प्रणालियों के मुकाबले अकाट्य रक्षा कवच बरकरार रख सके। इतने ऊँचे दर्जे का तार्किक कवच बनाना किसी एक व्यक्ति के बस का नहीं है। प्रत्येक प्रणाली की स्थापना तो अवश्य ही एक व्यक्ति ने की थी लेकिन उसके बाद उस प्रणाली में दीक्षित होने वाले सभी विद्यार्थियों ने लगातार और एक साथ उसके विचारों को बरकरार रखने, उन्हें तर्कसिद्ध करने तथा उनका प्रचार करने का सामूहिक प्रयास किया। यह सभी विद्यार्थियों के लिए अघोषित रूप में आवश्यक हो गया कि वह अध्ययन शाखा की आंतरिक आलोचना में अपना समय बर्बाद न करें। यह लगभग नियम ही बन गया कि वह अपने पूर्ववर्तियों द्वारा प्रतिपादित धारणाओं को स्वीकार करेंगे और उन्हें सही सिद्ध करने में अपने संसाधन लगाएँगे। इसके साथ ही उसके पक्ष में अपने तर्कों को जोड़कर उसे समृद्ध बनाएँगे और विपक्षियों की आलोचना करेंगे। इस प्रकार

किसी भी प्रणाली का मूलाधार परम पवित्र एवं संदेह से परे रहा तथा उसके चारों ओर प्रणाली खड़ी होती चली गई।

प्रणाली निर्माण के प्रति इस नजरिए को प्रत्येक अध्ययन शाखा के साहित्य के विकास में परिलक्षित होते देखा जा सकता है। वेदों और/अथवा उपनिषदों ने प्रत्यक्ष अथवा अप्रत्यक्ष रूप में अधिकतर अध्ययन शाखाओं में दार्शनिक अनुमानों को बढ़ावा दिया। इसके बाद प्रत्येक अध्ययन शाखा के प्रवर्तक ने सूत्रों के रूप में दर्शन की अपनी व्याख्या लिखी। वह उनके दर्शन की प्रथम व्यवस्थित साहित्यिक अभिव्यक्तियाँ थीं। उदाहरण के लिए मीमांसा की 'जैमिनी सूत्र', न्याय का 'गौतम सूत्र', वैशेषिक का 'कणाद सूत्र', पतंजलि का 'योग सूत्र' तथा वेदांत संप्रदायों का 'बादरायण सूत्र'। इन सूत्रों के आधार पर अगली पीढ़ी के विद्यार्थियों ने जो अपनी टिप्पणियाँ लिखीं 'वह भाष्य हैं'। इनमें सूत्रों की व्याख्या की गई है। सूत्र संक्षिप्त थे। इनसे आगे आने वालों ने इन भाष्यों की टीका 'वर्तिकाओं' के रूप में की। टीका, दीपिकाओं आदि के रूप में यह सिलसिला चलता रहा। हम व्यवस्था-निर्माण के इस सिलसिले को साहित्य श्रृंखला के रूप में देख सकते हैं। जिसमें प्रत्येक अध्ययन शाखा ने मूल विचार को बरकरार रखा तथा उसे समृद्ध बनाया।

पूर्व पक्ष

लगभग सभी अध्ययन शाखाओं द्वारा अपनाई गई अत्यंत सामान्य पद्धति है 'पूर्वपक्ष'। अपने दर्शन के पूर्ण प्रदर्शन के लिए अध्ययन शाखा अपनी आलोचना स्वयं प्रस्तुत करती थी। आलोचना इस प्रकार की जाती थी मानो कोई विरोधी कर रहा हो और उसके बाद विपक्षी की टिप्पणी को उत्तर पक्ष में सैद्धांतिक रूप में ध्वस्त कर दिया जाता था। इस प्रकार अपने को श्रेष्ठ तथा विपक्षी को निम्न बताया जाता था।

तर्कशास्त्र : न्याय स्कूल का तर्क विज्ञान

न्याय अध्ययन शाखा ने आरंभ में तर्क को अन्य पद्धति के रूप में अपनाया तथा प्रोत्साहित किया। इसीलिए इस अध्ययन शाखा को तर्कशास्त्र के रूप में भी जाना गया। इसमें भ्रामकता या हेत्वाभास की अवधारणा भी थी। तर्क की अवधारणा शीघ्र ही कुछ अन्य अध्ययन शाखाओं ने भी अपना ली। तर्क की पद्धति की आलोचना हेतु विद्या द्वारा की गई है। हेतु विद्या ऐसी पद्धति है जो किसी प्रश्न के कारणों और निवारणों का परीक्षण करती है। इसके अनुसार तर्क, दृश्य प्रमाणों तथा संकेतों के बीच इतना उलझ जाता है कि इस गतिरोध से सिर्फ तर्क से भी ऊँचे स्तर पर उठकर ही मुक्त हुआ जा सकता है।

प्रसंग

माध्यमिक बौद्धों द्वारा अपनाई गई पद्धति 'प्रसंग पद्धति' है। जिसके प्रवर्तक नागार्जुन थे। हम यह जानते हैं कि किसी भी स्थिति के दो मूल विकल्प होते हैं जैसे उसका सकार अथवा नकार। भाषा की संरचना को देखते हुए किसी भी विचार के आकार ग्रहण करने की चार संभावनाएं हैं। इस प्रकार प्रसंग का रूप है :

(1) उसमें सकारात्मक धारणा है।

(2) उसका नकारात्मक प्रति-धारणा द्वारा विरोध किया जा रहा है।

(3) इन दोनों के 'है' तथा 'है नहीं' के तीसरे विकल्प के रूप में प्रतिपादित करने के लिए संयुक्त रूप में दोहराया जाता है।

(4) चौथे विकल्प न तो 'है' न ही 'नहीं है' को गढ़ने के लिए इन दोनों का अलग-अलग खंडन किया जाता है।

नागार्जुन हमारे सामने चार संभावित विकल्प प्रस्तुत करते हैं और कहते हैं कि किसी भी दार्शनिक मुद्दे में सभी विकल्प नकारा सिद्ध होने पर ही विचारों का संवर्द्धन हो पाएगा।

स्यादवाद

जैनों का स्यादवाद का सिद्धांत अथवा निर्णय की सापेक्षता का सिद्धांत ऐसी पद्धति है जो नागार्जुन के द्वंद्ववाद प्रसंग के एकदम उलट है। जैसा कि बौद्ध कहते हैं कि कोई भी विकल्प संभव नहीं है मगर जैनियों का दावा है कि सभी निर्णय अपेक्षाकृत सापेक्षिक सत्य हैं। नागार्जुन के समान वे यह भी कहते हैं कि संपूर्ण प्रतिबद्धता अथवा संपूर्ण खंडन असंभव है। उनके अनुसार यथार्थ के असंख्य पहलू हैं। अपने अज्ञान के कारण हम उनका अनुमान नहीं लगा सकते। हमारे सभी निर्णय परिस्थितिजन्य हैं अर्थात किसी विशिष्ट दृष्टिकोण से प्रेरित। इसलिए हमें अपने निर्णयों को हमेशा 'स्याद' की कसौटी पर कसना चाहिए। जिसका अर्थ है संसार की समस्त चीजों को सापेक्षिक रूप में देखना। जैनियों ने सात प्रकार के निर्णय प्रतिपादित किए हैं, जैसे :

I. स्याद् अस्ति : चीजें सापेक्षिक रूप से सत्य हैं।

II. स्याद् नास्ति : चीजें सापेक्षिक रूप से असत्य हैं।

III. स्याद् अस्ति नास्ति : चीजें सापेक्षिक रूप से सत्य और असत्य दोनों हैं।

IV. स्याद् अवक्तव्यम् : चीजें सापेक्षिक रूप से अवर्णनीय हैं।

V. स्याद् अस्ति च अवक्तव्यम् : चीजें सापेक्षिक रूप से सत्य हैं लेकिन अवर्णनीय हैं।

VI. स्याद् नास्ति च अवक्तव्यम् : चीजें सापेक्षिक रूप से असत्य और अवर्णनीय हैं।

VII. स्याद् अस्ति च नास्ति च अवक्तव्यम् : चीजों का अस्तित्व सापेक्षिक रूप से सत्य, असत्य एवं अवर्णनीय है।

जैनवाद निर्णय के इन सात रूपों को स्वीकार करता है जिनमें प्रत्येक एक-दूसरे के सापेक्ष हैं। यह किसी विशिष्ट विकल्प को पूर्णतः न तो स्वीकार करता है न ही नकारता है। ये सातों विकल्प विभिन्न दृष्टिकोणों के अंतर्विरोधों को स्पष्ट करने में सहायक हैं। इनकी समझ व्यक्ति को शुरू में आंशिक तौर से होती है जो अंततः उसे सत्य की तरफ ले जाता है।

ये प्रविधियाँ भारतीय ज्ञान पद्धति को समझने में प्रयुक्त हुई हैं।

ज्ञान की भारतीय सैद्धांतिकियाँ

पहले हम भारतीय दर्शन की विभिन्न पद्धतियों से अवगत हो चुके हैं। संक्षेप में, हम उनके विचारों जैसे—तत्त्ववाद (अस्तित्व का सिद्धांत), ज्ञानमीमांसा (ज्ञान का सिद्धांत) और नीतिशास्त्र इत्यादि का उल्लेख किया है। इस भाग में हम उनके अपने ज्ञान के सिद्धांतों की विस्तृत चर्चा करेंगे। ज्ञान के तत्त्वमीमांसीय सिद्धांत को ध्यान में रखते हुए प्रत्येक शाखा ने 'ज्ञान के सिद्धांत' को प्रतिपादित किया है। जहाँ माध्यमों, उपकरणों तथा वैधानिक ज्ञान की प्रविधि को 'प्रमाण' (प्रमाणाज) की संज्ञा दी गई है। पूर्व में ज्ञान के वर्गीकरण को प्रस्तुत किया गया है जिसमें भारतीय दर्शन के अधिकतम छह 'प्रमाण' को स्वीकार करने की बात की गई है। ये प्रमाण क्रमशः 'प्रत्यक्ष ज्ञान', 'अनुमान', 'तुलना', 'शब्द या प्रमाण' (टेस्टीमोनी), 'प्रकल्पना या परिकल्पना' तथा 'अज्ञान'/'अबोधता' हैं। ज्ञान की सभी शाखाओं के अलग-अलग मत हैं। उनमें से कुछ का मत है कि 'प्रमाण' एक हैं। जबकि कुछ का सभी छह प्रमाणों में विश्वास है। अब हम ज्ञान की प्रविधि को समझने के लिए प्रत्येक शाखा की ज्ञानमीमांसीय अवधारणा का एक-एक कर परीक्षण करेंगे।

1. चार्वाक शाखा : यह शाखा वैधानिक ज्ञान अथवा प्रमाण के एक मात्र स्रोत में विश्वास रखता है। वह है—अवधारणा या 'प्रत्यक्ष ज्ञान'। इस शाखा का मानना है कि चीजों का अस्तित्व उनके इंद्रिय भोग एवं अनुभव से स्थापित होता है। कहने का तात्पर्य यह है कि यह एक ऐसा 'प्रमाण' है जो वस्तु के अनुभव एवं इंद्रिय भोग के माध्यम से (भौतिक माध्यमों) हासिल होता है। चूंकि 'प्रत्यक्ष ज्ञान' केवल भौतिक पदार्थों के अस्तित्व की बात करता है इसलिए यह अदृश्य चीजें जैसे 'अ-भौतिक'/'असांसारिक आत्मा', चेतना या पाँचों इंद्रियों के अस्तित्व को खारिज करता है। साथ ही यह अन्य दूसरे प्रमाणों को भी खारिज करता है।

अनुमान भी ज्ञान का एक स्रोत है। जिसे चार्वाक दर्शन के अलावा ज्ञान की सभी दार्शनिक शाखाएँ वैध घोषित करती हैं। अनुमान का एक सटीक उदाहरण ज्ञान के माध्यम के रूप में लें तो निम्नलिखित बातों को हम इस तरह से समझते हैं—

पहाड़ पर धुआँ है।

जहाँ भी धुआँ है, वहाँ आग है।

इसका तात्पर्य है कि पहाड़ पर आग है।

चार्वाक के अनुसार, उपरोक्त वाक्यों से यह साबित होता है कि पहाड़ के ऊपर उठते हुए धुएँ को देखकर निश्चित अनुमान नहीं लगा सकते कि वहाँ आग है। इस दर्शन का मानना है कि धुआँ प्रत्यक्ष रूप से दृष्टिगोचर होता है न कि आग। अतः आग के होने की पुष्टि नहीं होती है। सर्वप्रथम हमें संदेह से परे सभी परिस्थितियों में यह दावा करना होगा कि धुएँ की उपस्थिति आग से संभव है। फिर भी हम इस प्रकार के सार्वभौम ज्ञान का दावा नहीं कर सकते क्योंकि धुआँ उठने की विभिन्न दशाएँ भिन्न-भिन्न कारणों से होती हैं, जिसमें आग की उपस्थिति आवश्यक नहीं है। यह संभव नहीं है कि हम धुआँ उठने की प्रत्येक दशा की अपनी भौतिक परिस्थिति में जाँच करें। धुआँ उठने की समस्त दशाओं का प्रमाण न हो तथा जहां धुआँ के साथ आग के होने की बात कही गई है, इस तरह की घटना भविष्य में भी जारी रहेगी इसकी कोई गारंटी नहीं दी जा सकती है। दार्शनिक स्तर पर धुएँ और आग के इस संबंध को 'व्याप्ति' कहते हैं। जिसको हम निष्कर्ष के तौर पर स्थापित नहीं कर सकते। अनुमान की यह प्रक्रिया तब तक संभव नहीं है जब तक हम धुएँ और आग के संबंध के दार्शनिक ज्ञान को समझ नहीं लेते। (संबंध के इस ज्ञान के बिना हम अनुमान की इस प्रक्रिया को पूर्णता नहीं दे सकते)। अनुमान के आधार पर 'व्याप्ति' की स्थापना नहीं कर सकते। जिसका उद्देश्य निष्कर्ष को स्थापित करना होता है क्योंकि यह भ्रामक सवाल भी उत्पन्न कर सकते हैं। 'व्याप्ति' की पुष्टि विश्वसनीय प्रमाणों के माध्यम से नहीं की जा सकती है। क्योंकि प्रामाणिकता अपने आप में अनुमान की परिकल्पना नहीं करती है। अगर अनुमान प्रामाणिकता पर आधारित हो तो कोई व्यक्ति अपने आप निष्कर्ष नहीं निकाल सकता है।

चार्वाक दर्शन कहता है कि निष्कर्ष की उत्त्पति की प्रक्रिया में हम महज अनुमान ही लगाते हैं। क्योंकि अनुमान हमें कभी-कभी अच्छे सकारात्मक परिणाम की तरफ ले जाता है। कभी-कभी ऐसा संभव नहीं भी हो पाता है। अतः अनुमान ज्ञान का निश्चित स्रोत नहीं है। उसी तरह से यह 'प्रमाण' की प्रामाणिकता के प्रभुत्व पर प्रश्न चिह्न लगाता है। उनका मानना है कि हमारी प्रामाणिकता की स्वीकृति अनुमान के माध्यम से उत्पन्न होती है, जिन्हें निम्नलिखित रूपों में समझा जा सकता है—

यह प्रामाणिकता का प्रभुत्व विश्वसनीय है।

सारे विश्वसनीय प्रभुत्व स्वीकार किए जाने चाहिए।

अतः प्रामाणिकता का प्रभाव/सत्ता/प्रभुत्व स्वीकार किया जाना चाहिए।

चार्वाक दर्शन ने अनुमान के सिद्धांत को अविश्वसनीय बताया या नकार दिया

है। इसके अलावा अनुमान की तरह 'प्रमाण' भी कभी-कभी सकारात्मक परिणाम तथा कभी-कभी त्रुटिपूर्ण परिणाम उत्पन्न करता है। इस प्रकार 'प्रत्यक्ष ज्ञान' ही 'प्रमाण' है जिसे चार्वाक के द्वारा स्वीकार किया गया है। डा. राधाकृष्णन ने भी लिखा है—"साक्षात इंद्रिय संबंध से जो जाना जाता है वही सत्य है केवल वही विद्यमान है। जिसका हम प्रत्यक्ष ज्ञान नहीं कर सकते उसका अस्तित्व नहीं है। कारण, स्पष्ट है कि वह प्रत्यक्ष नहीं होता। अनुमान-प्रमाण कुछ नहीं है। जब हम धुएँ को देखते हैं तो हमें साहचर्य अथवा पुराने प्रत्यक्ष अनुभवों की स्मृति द्वारा अग्नि का स्मरण हो जाता है। यही कारण है कि अनुमान कभी-कभी सत्य और कभी मिथ्या भी निकलता है"। हालाँकि उनकी इस मानसिक संकीर्णता के लिए दूसरी शाखाओं की आलोचना झेलनी पड़ी है। उन्हें सुनना पड़ा है कि 'प्रत्यक्ष ज्ञान' सर्वमान्य तथ्य नहीं होते हैं। हम देखते हैं कि पृथ्वी स्थिर और चपटी है। सूर्य गोल है और पृथ्वी सूर्य की परिक्रमा करती है। इसके बावजूद चार्वाक निष्कर्ष के रूप में कहते हैं कि समस्त 'प्रत्यक्ष ज्ञान' वैध हैं और समस्त 'अनुमान' अवैध हैं। जिसका स्पष्टीकरण अनुमान की प्रक्रिया से लगाया जाता है।

2. जैन शाखा : जैन दर्शन ज्ञान को दो भागों में वर्गीकृत करता है—अपरोक्ष और परोक्ष। अपरोक्ष ज्ञान असाधारण है और प्रत्यक्ष ज्ञान इंद्रियों से बढ़कर है। यह तीन प्रकार का होता है—अवधि, मनःपर्याय और केवल। राधाकृष्णन के अनुसार "देश और काल की दूरी रहते हुए भी वस्तुओं का जो सीधा या प्रत्यक्ष ज्ञान है उसे अवधि कहते हैं"। यह ज्ञान असाधारण दृष्टि द्वारा अतीन्द्रिय विषयों का ज्ञान है। 'अवधि' में हम चीजों को देश और काल के बावजूद सीधे रूप में प्राप्त करते हैं। फिर भी इसकी प्रकृति सीमित है क्योंकि यह निश्चित क्षेत्र और सीमित अवधि के अंदर कार्य करता है। अवधि ज्ञान में त्रुटि की पूरी संभावना रहती है। राधाकृष्णन 'मनःपर्याय' को परिभाषित करते हुए लिखते हैं—"मनःपर्याय, अन्य व्यक्तियों के वर्तमान एवं भूत विचारों का साक्षात ज्ञान जैसे टेलीपैथी द्वारा दूसरों के मन में प्रवेश किया जाता है"। दूसरे शब्दों में, यह किसी वस्तु या घटना या दूसरों के विचारों को सीधे जानने का माध्यम है तथा देशकाल की सीमाएँ भी इसमें निहित रहती हैं। मनःपर्याय को अपरोक्ष ज्ञान के रूप में विचार किया जाता है। क्योंकि इन दोनों दशाओं में आत्मा किसी अन्य इंद्रियों की सहायता के बिना भी प्रत्यक्ष ज्ञान का बोध कराते हैं। अर्थात आत्मा चैतन्य है। "केवल अथवा पूर्णज्ञान" में आत्मा देशकाल की सीमित दशाओं के उपरांत भी असीमित तथा परम ज्ञान से परिपूर्ण होता है। "यह देशकाल एवं विषय की सीमा से रहित सर्वज्ञता है। पूर्णचेतना के लिए संपूर्ण यथार्थता प्रत्यक्ष रूप में प्रकट है। यह ज्ञान जो इंद्रियों के ऊपर निर्भर नहीं है और जो केवल अनुभवगम्य ही है एवं वाणी द्वारा जिसका वर्णन नहीं किया जा सकता, केवल ऐसे पवित्रात्माओं के लिए ही संभव है जो बंधनों से मुक्त हो चुके हैं"।

'मनःपर्याय' और 'केवल ज्ञान' त्रुटि मुक्त होते हैं।

जैन दर्शन का मानना है कि प्रत्येक आत्मा उत्कृष्ट ज्ञान की संभावना या कैवल्य प्राप्त करने की क्षमता रखती है। उनका मानना है कि सचेतन हर आत्मा का महत्त्वपूर्ण गुण है। यह सूर्य के प्रकाश जैसा है, जिसमें स्वतः स्फुटन की क्षमता है। इसमें निर्माण की क्षमता होती है। दूसरे शब्दों में, यह आत्मावतारी है। शर्त यह है कि वस्तु को समझने की प्रक्रिया में इसमें बाधा उत्पन्न न हो। कार्मिक तत्त्व आत्मा के सन्निकट आकर आत्मा के उद्देश्य प्राप्ति को बाधा पहुँचाते हैं। अर्थात ये कार्मिक तत्त्व बाधा उत्पन्न करने वाले कारक हैं। केवल स्वतंत्र आत्मा को यह 'केवल' प्राप्त या हासिल है।

उस ज्ञान को प्रत्यक्ष ज्ञान कहते हैं जो साक्षात रूप में होता है और वह ज्ञान परोक्ष ज्ञान कहलाता है जो प्रत्यक्ष के अलावा किसी अन्य ज्ञान के माध्यम द्वारा प्राप्त हो। परोक्ष ज्ञान साधारण ज्ञान है। जो आत्मा के सन्निकट नहीं है। आत्मा इंद्रियों और मस्तिष्क के द्वारा ज्ञान प्राप्त करती है। परोक्ष ज्ञान दो प्रकार के होते हैं–"मति" और "श्रुति"। राधाकृष्णन लिखते हैं–"मतिज्ञान साधारण ज्ञान है, जो इंद्रिय के प्रत्यक्ष संबंध द्वारा प्राप्त होता है। इसी के अंतर्गत आते हैं स्मृतिसंज्ञा अथवा प्रत्यभिज्ञा अथवा पहचान और तर्क अथवा प्रत्यक्ष पर किया गया आगमन अनुमान अबिनिबोध या अनुमान, अथवा निगमन विधि का अनुमान। मतिज्ञान के कभी-कभी तीन भेद किए जाते हैं अर्थात उपलब्धि अथवा प्रत्यक्ष ज्ञान, भावना अथवा स्मृति, और उपयोग अथवा अर्थग्रहण। इंद्रियों एवं मन (जिसे इंद्रियों से भिन्न होने के कारण अनिन्द्रय भी कहते हैं) के संयोग के द्वारा जो ज्ञान प्राप्त किया जाता है उसे मतिज्ञान कहते हैं। मतिज्ञान की उत्पत्ति से पूर्व हमें सदा दर्शन होता है।"

दूसरे शब्दों में, 'मति' को साधारणतः इस तरह के ज्ञान के रूप में समझा जाता है जो इंद्रियों एवं मन के माध्यम से प्राप्त किया जाता है, जिसमें प्रत्यक्ष और अनुमान (जो ज्ञान प्राप्त करने के माध्यम हैं) भी शामिल होते हैं। रोचक तथ्य यह है कि जैन मतावलम्बी प्रत्यक्ष ज्ञान को परोक्ष ज्ञान मानते हैं। जबकि ज्ञान की दूसरी शाखाएँ इसे अपरोक्ष मानती हैं। सापेक्षता के संदर्भ में देखें तो जैनियों का मत है कि अनुमान की तुलना में प्रत्यक्ष ज्ञान अपरोक्ष है। अन्यथा प्रत्यक्ष ज्ञान इंद्रियों और मस्तिष्क के क्रियान्वयन से ही उत्पन्न होते हैं। जैनियों के अनुसार प्रत्यक्ष ज्ञान की प्रक्रिया की शुरुआत में एक प्रकार की विशिष्ट संवेदना या अनुभूति होती है जिसका अर्थ स्पष्ट नहीं होता है। यह चेतना/संचेतना की प्राथमिक दशा या स्थिति होती है, जिसे 'अवग्रह' की संज्ञा दी जाती है। जिसका तात्पर्य वस्तु या भौतिकग्राह्यता से है। तदुपरांत मस्तिष्क इस अनुभूति के बारे में जाँच-पड़ताल/निरीक्षण की पहल करता है। सवाल करने की मस्तिष्क की इस दशा को 'इहा' कहते हैं। जो अनुभूति के बारे में एक निश्चित निर्णय स्थापित करती है। इस स्थिति को हम 'अवाय' कहते

हैं। जो भ्रांति को दूर करने के कारक हैं। इस प्रकार यह सुनिश्चित निर्णय मस्तिष्क में संरक्षित होता है। इस स्थिति को 'धारणा' कहते हैं।

'श्रुत' का आशय उस ज्ञान से है जो 'प्रमाण' से प्राप्त किया जाता है। ऑथारिटी से प्राप्त ज्ञान 'श्रुत ज्ञान' कहलाता है। राधाकृष्णन कहते हैं–'श्रुतिज्ञान अथवा शब्द या आप्त प्रमाण वह ज्ञान है जो लक्षणों, प्रतीकों अथवा शब्दों द्वारा हमें प्राप्त होता है'। इस तरह से हम देखते हैं कि सामान्य उद्देश्य के लिए जैन मतावलम्बी तीन 'प्रमाणों' की चर्चा करते हैं या कहें उसमें विश्वास रखते हैं। जिसे क्रमशः 'प्रत्यक्ष ज्ञान या अनुभव', 'अनुमान' और 'प्रमाण या साक्ष्य' के रूप में जानते हैं।

उपरोक्त के अलावा जैन शाखा निर्णय के संबंध में एक विशिष्ट सिद्धांत का प्रतिपादन किया है जिसे 'स्यादवाद' या 'निर्णय/न्याय की सापेक्षता' का सिद्धांत के नाम से जाना जाता है। उनका मत है कि संसार की प्रत्येक वस्तुओं के असंख्य पहलू हैं। जिनका ज्ञान सर्वज्ञ प्राणी को विभिन्न दशाओं में एक साथ प्राप्त हो सकता है। साधारण मनुष्य/प्राणी अपूर्ण है इसलिए वह ऐसा करने में अक्षम है। हम वस्तु के एक पहलू या आंशिक ज्ञान को ही एक समय में प्राप्त कर पाते हैं। इस कारण हमारा ज्ञान बहुत ही सीमित है। इस आंशिक ज्ञान को हम 'नय' (नय अर्थात पदार्थ का किसी संबंध-विशेष के साथ ज्ञान) कहते हैं। यह निर्णय एक दृष्टिकोण विशेष से निर्मित है, जिसका आधार सीमित पहलुओं पर निर्भर करता है। अतः हम सर्वथा परम सत्य नहीं हो सकते न ही सर्वथा परम असत्य। सभी निर्णय हमारे आंशिक ज्ञान एवं सीमित पहलुओं के अंतर्गत एक दृष्टिकोण विशेष के परिणाम हैं। अतः हमें अपने निर्णयों को 'स्याद' की कसौटी पर कस कर देखना चाहिए। यहाँ स्याद से तात्पर्य है "कुछ अनुपात में"। वास्तविकीकरण की यह प्रक्रिया वैचारिक तकरार एवं असहमति को समाप्त कर देती है। इस सिद्धांत को 'स्यादवाद' कहते हैं जो सभी के बीच सामंजस्य स्थापित करने की आशा करता है।

3. बौद्ध शाखा : बौद्ध शाखा या स्कूल में ज्ञान का सिद्धांत इसके यथार्थ के सिद्धांत का सीधा परिणाम है। बौद्धमत चिंतन वस्तु के दो प्रकारों को ही स्वीकार करता है। ये हैं–'स्वलक्षणा और सामान्यलक्षणा'। 'स्वलक्षणा' प्रत्यक्ष विशिष्ट शुद्ध अनुभूति या चेतना से प्राप्त होती है तथा 'सामान्यलक्षणा' विचार निर्माण में एक वक्र एवं अस्पष्ट सर्वव्यापकता को दर्शाता है। बौद्धमत इन दोनों के संदर्भ में दो प्रमाणों को स्वीकार करते हैं जो प्रत्यक्ष ज्ञान या बोध और अनुमान हैं।

I. प्रत्यक्ष ज्ञान : प्रत्यक्ष ज्ञान के संदर्भ में बौद्धों का मानना है कि यह विशेषता मुख्यतः निश्चयन की अवधारणा से दूर है। इनका किसी दूसरे नाम के साथ जोड़ना अतार्किक है। सामान्यतः वे यह कहना चाहते हैं कि प्रत्यक्ष ज्ञान या अनुभव उसी क्षण उत्पन्न होता है जब हम किसी वस्तु को देखते हैं। तदुपरांत हम उसके नाम

को अपनी स्मृति में ढूंढ़ना प्रारंभ करते हैं। दूसरे शब्दों में, वस्तु को देखते ही हम उसी क्षण उसके बारे में एक धारणा बना लेते हैं तथा बाद में हम स्मृति में जाकर उस वस्तु के नाम आदि सूचनाओं की जाँच करते हैं। प्रत्यक्ष ज्ञान एक प्रस्तुति है जो किसी एक वस्तु से बनायी जाती है तथा यह दर्शक के किसी व्यक्तिगत पूर्वाग्रह या अनुमान से मुक्त रहना चाहिए। यह चिंतन ही प्रत्यक्ष ज्ञान को पूर्णता देता है जिसके अंतर्वस्तु का निर्धारण किसी वस्तु के बाह्य तत्त्व से नहीं होता है। किसी वस्तु को नाम देने की प्रक्रिया व्यक्ति की स्मृति के आधार पर संभव होती है। लेकिन यह तभी होता है जब उस वस्तु का संबंध मस्तिष्क से संबंधित हो जिसे उसने पहले देखा है और उसका अर्थ जानता है। किसी वस्तु की मानसिक धारणा के लिए आवश्यक है कि वस्तु इंद्रियों के संपर्क में आए तथा वस्तु को यथास्थिति में प्रस्तुत किया जाए। लेकिन वस्तु का नामकरण व उसकी पहचान करना, धारणा निर्माण की प्रक्रिया में बाधक होती है। हालाँकि धारणा की वस्तु इसकी 'सुलक्षणा' होनी चाहिए और इस विशिष्टता को बिना इसके नाम की खोज किए जो समरूप वस्तुओं पर लागू होती है—को संरक्षित किया जाना चाहिए।

II. अनुमान : बौद्धों का मानना है कि अनुमान वस्तु के चिंतन का वह माध्यम है जो हमारी इंद्रियों के सामने प्रत्यक्ष रूप में प्रस्तुत नहीं होता। उदाहरण के लिए—हम पहाड़ी के ऊपर आग होने का अनुमान उठते हुए धुआँ की धारणा के आधार पर लगाते हैं। इस सार्वभौम संबंध की स्थाप्णना पूर्वगामी ज्ञान के द्वारा संभव होती है। जिसे 'व्याप्ति' कहते हैं। हम धुआँ और आग के संबंध को इसी आधार पर समझते हैं। यह यही स्वरूप है जिसमें अनुमान कारगर है। 'व्याप्ति' की यह समझ बौद्धों को दूसरे मतों से अलग करती है। वे अकेले इस बात पर जोर देते हैं कि यह सार्वभौम संबंध तदुत्पत्ति (कार्य-कारण का संबंध) या तादात्म्य (प्रकृति की पहचान) का परिणाम है। जैसा पूर्वविदित है अनुमानजनित ज्ञान की वस्तु सामान्यलक्षणा या सार्वभौम है। यह अनुमान की वस्तु जिन तथ्यों के द्वारा समझी जाती है उसमें निम्नलिखित तीन विशेषताएँ आवश्यक रूप से होनी चाहिए—

अ. यह 'पक्ष' में निहित होना चाहिए।

ब. यह 'सपक्ष' में निहित होना चाहिए।

स. यह 'विपक्ष' से परे होना चाहिए।

बौद्ध अनुमान को दो प्रकार से वर्गीकृत करते हैं। पहला, जिसे हम 'स्वार्थानुमान' यानी व्यक्तिगत अनुमान कहते हैं। दूसरा, 'परार्थानुमान' यानी दूसरों के लिए अनुमान। जिसे हेत्वानुमान के रूप में अभिव्यक्त किया जाता है। हेत्वानुमान से आशय दो तर्कों के माध्यम से तीसरे कथन की पुष्टि करना है। न्याय दर्शन इस हेत्वानुमान के सिद्धांत में पाँच चरणों के प्रयोग की बात करता है जबकि बौद्धमत अपने को दो चरणों तक ही सीमित रखता है।

4. न्याय शाखा : ज्ञान के सिद्धांत के रूप में न्याय शाखा बहुत ही सुसंगत तरीके से निर्मित है जो वास्तविकता के सिद्धांत का समर्थन करती है। यह चार विशिष्ट 'प्रमाणों' जैसे—अनुभव या प्रत्यक्ष ज्ञान, अनुमान, तुलना या उपमान और शब्द या साक्ष्य में विश्वास रखता है। अब इन चारों का क्रमवार निरीक्षण किया जाए।

I. प्रत्यक्ष ज्ञान : न्याय शाखा के मतावलम्बियों का मानना है कि प्रत्यक्ष ज्ञान एक ऐसी समझ है जो वस्तु और इंद्रियों के पारस्परिक संबंध से उत्पन्न होती है तथा पूरी तरह से त्रुटिहीन होती है। फिर भी कुछ अनुभूतियाँ जैसे आनंद, पीड़ा/दुख, ईश्वरीय आदि इंद्रिय और वस्तु के परस्पर संबंध का परिणाम नहीं है। इसलिए कुछ लोगों की धारणा है कि प्रत्यक्ष ज्ञान या अंतर्दृष्टि भी एक तरह का 'प्रमाण' है जिसमें हम वस्तु को सीधे देखते हैं। अर्थात यह पूर्वज्ञान या धारणा पर निर्भर नहीं रहती और न ही इसकी कोई तार्किक प्रक्रिया है।

प्रत्यक्ष ज्ञान को विभिन्न तरीकों से विभाजित कर सकते हैं। प्रत्यक्ष लौकिक ज्ञान और अलौकिक प्रत्यक्ष ज्ञान। हालाँकि दोनों में विशिष्ट अलगाव है। लौकिक प्रत्यक्ष ज्ञान प्रायः इंद्रिय और वस्तु के संपर्क से उत्पन्न होता है। यह दो प्रकार के होते हैं—बाह्य और आंतरिक (मानस)। बाह्य प्रत्यक्ष ज्ञान में वस्तु का बाह्य इंद्रियों से संपर्क स्थापित होता है और उसके परिणाम स्वरूप यह प्रत्यक्ष ज्ञान—चाक्षुष, श्रोत्र, स्पर्श, रसना और घ्राण जैसी अनुभूतियों से स्थापित होता है। जबकि आंतरिक प्रत्यक्ष ज्ञान मन की मनोवैज्ञानिक दशाओं और प्रक्रियाओं के संबंध से उत्पन्न होते हैं। फलतः इसे आंतरिक/मानसिक प्रत्यक्ष ज्ञान की संज्ञा देते हैं।

अलौकिक प्रत्यक्ष ज्ञान में वस्तु साधारणतः इंद्रियों के संपर्क में नहीं आते हैं। बल्कि एक अभूतपूर्व माध्यम द्वारा इन तक पहुँचा जाता है। यह तीन तरह के होते हैं—सामान्यलक्षणा, ज्ञानलक्षणा और योग। न्यायमीमांसियों का मानना है कि 'सार्वभौम' सत्य का एक विशिष्ट वर्ग है। जिसे हम सामान्यलक्षणा के माध्यम से अनुभूत करते हैं। अभी तक हमने गायों के उदाहरण में सार्वभौमिकता देखी है, जो सभी गायों के प्रतिरूप के रूप में उपस्थित है। हमें यह ज्ञात नहीं है कि संपूर्ण संसार की प्रत्येक गायें भिन्न कालों—भूत, वर्तमान और भविष्य में किस प्रकार विद्यमान थीं। हम प्रत्यक्ष ज्ञान के आधार पर सार्वभौमता का तर्क गढ़ लेते हैं। अन्यथा यह कैसे संभव है कि पूर्व में जो गाय हमने नहीं देखी है उसे प्रत्यक्ष रूप में देखी गई गाय के रूप में निर्दृष्ट करें? यह सिर्फ खास प्रवृत्ति या वर्गीय गुण के बोध के कारण संभव होता है कि गाय की पहचान की जाए। यह सामान्यलक्षणा विशिष्ट प्रत्यक्ष ज्ञान के कारण संभव है।

ज्ञानलक्षणा, अलौकिक प्रत्यक्ष ज्ञान का दूसरा विशिष्ट प्रकार है। यह प्रत्यक्ष ज्ञान की बड़ी जटिल प्रक्रिया है जो एक संगति का परिणाम है। इसकी व्युत्पत्ति तभी संभव है जब विभिन्न संवेदनाएँ एक प्रत्यक्ष ज्ञान या अंतर्दृष्टि का समुच्चय और

संगति स्थापित करती है/या बनती है। जब हम इस तरह का कथन जैसे—'बर्फ ठंडी दिखती है' या 'पत्थर सख्त दिखता है' कहते हैं तो हम अपनी आँखों से 'ठंडे' और 'सख्त' होने के गुणों को नहीं देख सकते। क्योंकि यह छूने जैसी इंद्रियगत अनुभवों से जानी जा सकती है। इस परिप्रेक्ष्य में हम देखें तो बर्फ का दृश्यात्मक प्रत्यक्ष ज्ञान और उसके 'ठंडेपन के गुण का विचार' हमारी स्मृति में आकार ग्रहण करता है। जिसे हमने इससे पहले स्पर्श इंद्रियों के माध्यम से ज्ञात किया था। न्याय सिद्धांत के अनुसार विगत में 'बर्फ के ठंड का स्पर्शात्मक अनुभव' उसके चाक्षुष प्रतीति से नजदीकी रूप से जुड़ी है। जब भी हमने इसे पूर्व में स्पर्श किया, उपरोक्त दशा में उपस्थित हुई। यह बर्फ के वर्तमान दृश्यात्मक प्रत्यक्ष ज्ञान तथा उसके ठंडे होने की दशा को उत्पन्न करता है जिसे हम 'ज्ञानलक्षणा' की संज्ञा देते हैं। यह एक विशिष्ट प्रत्यक्ष ज्ञान है जो इंद्रियों के माध्यम से ग्रहण किया जाता है। अन्यथा यह बर्फ के ठंडेपन के ज्ञान को स्थापित करने में अक्षम है।

असाधारण प्रत्यक्ष ज्ञान का तीसरा गुण 'योग' है। जब कठोर योग-ध्यान के माध्यम से कुछ अलौकिक शक्तियाँ प्राप्त होती हैं तो उससे व्यक्ति के अंदर अंतर्दृष्टि विकसित होती है तथा उसमें वस्तुओं के काल की तीनों दशाओं—भूत, वर्तमान और भविष्य को देखने की भी क्षमता आवर्धित होती है। तात्पर्य यह है कि योग एक असाधारण प्रत्यक्ष ज्ञान या अंतर्दृष्टि है जो व्यक्ति को लौकिक संसार के बहिर्गामी तत्त्वों को जानने एवं संबंध स्थापित करने में मदद करती है। इस रूप में योग एक दार्शनिक ज्ञान है।

न्याय विचारकों के अनुसार प्रत्यक्ष ज्ञान दो चरणों में उत्पन्न होता है। प्राथमिक चरण को 'निर्विकल्प' या 'अनिश्चित प्रत्यक्ष ज्ञान' कहते हैं। यह सीधे इंद्रियगत अनुभव है। इसमें हम अपरोक्ष संदेह, अस्पष्ट जागरूकता को (जिसे हमने अभी तक विश्लेषित नहीं किया है) किसी वस्तु विशेष से जुड़ा पाते हैं। उसमें शामिल पाते हैं। और विभाजित भी। तदुपरांत संवेदना को हम विश्लेषित करते हैं और विशिष्ट न्याय के निष्कर्ष पर पहुँचते हैं। यह चरण सविकल्प प्रत्यक्ष ज्ञान कहलाता है। जिसमें हमें समुचित अवधारणात्मक एवं स्पष्ट ज्ञान उपलब्ध होता है। इन चरणों को व्यक्ति सिर्फ विचारों के अंतर्गत ही विभाजित करता है और यथार्थ में कोई विभाजन रेखा नहीं खींची जा सकती। यह वर्गीकरण एक उदाहरण के माध्यम से भली-भांति समझा जा सकता है। जैसे, जब हम दिन के उजाले से सिनेमा हॉल के अंदर अँधेरे कमरे में प्रवेश करते हैं तो शुरू में सभी चीजों के बारे में एक अस्पष्ट छाप पड़ती है। या कहें चीजें अबूझ जान पड़ती हैं। और थोड़े समय के बाद ही चीजें धीरे-धीरे स्पष्ट होने लगती हैं। सिनेमा हॉल का प्राथमिक चरण 'अनिश्चित प्रत्यक्ष ज्ञान' होता है तथा इसके बाद का चरण 'निश्चित प्रत्यक्ष ज्ञान' होता है।

II. अनुमान : ज्ञान प्राप्त करने का वह माध्यम है जो किसी दूसरे ज्ञान के

बाद उत्पन्न होता है उसे हम अनुमान कहते हैं। यह गूढ़ या अपरोक्ष ज्ञान है। जो किसी दूसरे ज्ञान को आधार मानकर प्रतिपादित किया जाता है। उदाहरणार्थ, पहाड़ के ऊपर उठते हुए धुएँ को देखकर यह अनुमान लगाते हैं कि 'पहाड़ पर आग' है। जिसका आधार हमारे पूर्व ज्ञान हैं जो धुएँ और आग के सार्वभौम संबंध को दर्शाते हैं। अनुमान का दिया गया तार्किक ढांचा इनमें प्रस्तावनाओं के कम से कम तीन पदों के आधार पर तय होना चाहिए। जैसा कि उपरोक्त उदाहरण में वर्णित है। हमें अनुमान में कुछ चीजों का ज्ञान जैसे पहाड़ पर आग कुछ प्रतीकों के माध्यम से हासिल होता है। साथ ही प्रतीक तथा अनुमानित वस्तु के सार्वभौम संबंध के ज्ञान का भी बोध होता है। इस प्रकार भारतीय तर्कशास्त्र में इन्हें तीन पदों के आधार पर उच्चरित किया जाता है जिन्हें क्रमशः पक्ष, साध्य और लिंग या हेतु कहते हैं। 'पक्ष' पहाड़ के रूप में चिंतन के विषय हैं। दूसरा साध्य, जिसमें आग को पहाड़ के संदर्भ में जाना जाता है। तीसरा, लिंग या हेतु, जो धुआँ के रूप में मौजूद है। यह आग होने का प्रतीक या चिह्न है। भारतीय तर्कशास्त्र की तरह पश्चिमी तर्कशास्त्र भी अनुमान के तीनों श्रेणीगत प्रस्तावों को स्वीकार करता है। पश्चिमी तर्कशास्त्र में प्रस्तावनाओं का क्रम मुख्य विषयवस्तु, लघु विषयवस्तु तथा निष्कर्ष या उपसंहार के रूप में होता है। भारतीय तर्कशास्त्र में यह क्रम उलटा हो जाता है। यहाँ उपसंहार को सबसे पहले, उसके बाद लघु विषय वस्तु की चर्चा तथा अंत में मुख्य विषय वस्तु की चर्चा होती है।

न्याय दर्शन में अनुमान के तीन भिन्न वर्गीकरण होते हैं। जो निम्नलिखित हैं—

अ. पहला वर्गीकरण अनुमान को उसके निम्नलिखित भेदों के आधार पर स्पष्ट करता है।

- **स्वार्थानुमान**—इसमें अनुमान की प्रक्रिया में किसी औपचारिक कथन की आवश्यकता नहीं पड़ती है।
- **परार्थानुमान**—अनुमान पाँच प्रस्तावों के रूपों में कथित होना चाहिए। उपरोक्त वर्णित उदाहरण को इस तरह से व्यक्त किया जाए :
- **प्रतिज्ञान** (पहाड़ पर आग है)
- **हेतु** (क्योंकि पहाड़ पर धुआँ है)
- **उदाहरण** (जिन चीजों से भी धुआँ उठता है मान लिया जाता है कि उसमें आग है।
- **उपनय** (पहाड़ पर धुआँ है जो इस बात से संबंधित है कि वहाँ आग है)
- **निगमन** (इस प्रकार निष्कर्ष निकला कि पहाड़ पर आग है)

ब. दूसरा वर्गीकरण अनुमान के तीन प्रकारों को व्याख्यायित करता है जो निम्नलिखित हैं—

- **पूर्ववत**—इसमें हम यह अनुमान लगाते हैं कि आकाश में काले बादल बारिश होने के सूचक हैं।'
- **सेसावत**—अदृश्य कारण का दृश्य परिणाम के आधार पर अनुमान लगाना। जब हम गली में कीचड़ को देखकर यह अनुमान लगाते हैं कि बारिश हुई है।
- **सामान्यतोदृष्टा**—जब हम दो चीजों को समान रूप से एक साथ होने के आधार पर अनुमान लगाते हैं। जैसे किसी जानवर के सीगों को देखकर उसके खतरनाक होने का अनुमान लगाना।

स. तीसरा वर्गीकरण व्याप्ति के माध्यमों और प्रकृति की स्थापनाओं पर आधारित है जो निम्नलिखित हैं—

- **केवलनवयी**—मुख्य पद मध्य पद से हमेशा धनात्मक रूप से जुड़े होते हैं। उदाहरण के लिए जहाँ भी धुआँ है वहाँ आग है।
- **केवलव्यतिरेकी**—जब मध्य पद मुख्य पद से हमेशा नकारात्मक रूप से जुड़े होते हैं। जैसे जहाँ भी आग नहीं है, वहाँ धुआँ का प्रश्न ही नहीं उठता।
- **अन्वयव्यतिरेकी**—जहाँ मध्य पद सकारात्मक के साथ ही नकारात्मक तरीके से मुख्य पद से जुड़ा हो। अर्थात् धुएँ की उपस्थिति आग के होने की दशा से है और धुआँ के न होने की दशा में आग का होना असंभव है।

III. तुलना : वह माध्यम है जो शब्द और उसके अर्थ के संबंध के ज्ञान को प्रतिपादित करता है, उपमान या तुलना कहलाता है। मान लीजिए एक विश्वासपात्र व्यक्ति अपनी एक निश्चित व्याख्या के आधार पर यह बताता है कि शब्द किसी वस्तु के एक वर्ग की बात करता है और उस व्यक्ति की व्याख्या के आधार पर हम उस शब्द को किसी वस्तु के ऊपर लागू करें जिसको इस तरह की व्याख्या की जरूरत होती है। यद्यपि हमने उस वस्तु को देखा नहीं है। जानते नहीं हैं। बावजूद इसके उसके बारे में जानकारी प्राप्त होती है। ज्ञान प्राप्त करने का यह माध्यम ही उपमान कहलाता है। उदाहरण के लिए मान लीजिए एक व्यक्ति 'गवाया' या जंगली गाय के बारे में नहीं जानता है। लेकिन जब वह किसी विश्वासपात्र व्यक्ति से जानता या सुनता है कि जंगली गाय या 'गवाया' सामान्य गाय की तरह दिखती है तो वह जंगल में गाय से मिलते-जुलते पशुओं को देखता है या उसके मिलते-जुलते लक्षण को देखता है जो 'गवाया' के बारे में वर्णित किया गया है। वह गवाया और सामान्य गाय को समरूप पाता है। गवाया को सामान्य गाय के समतुल्य पाने का ज्ञान उसे तुलना या उपमान के कारण प्राप्त होता है। आमतौर पर आजकल बच्चे बाघ, शेर या हिरण को टीवी के प्रोग्राम मसलन ज्योग्राफिक चैनल में देखते-सुनते हैं और उसके बारे में आश्वस्त रहते हैं। लेकिन जैसे ही वे इन्हें 'जू' में साक्षात देखते हैं तो आसानी से पहचान लेते हैं कि कौन बाघ है कौन शेर। यह समरूपता का ज्ञान

तुलना के आधार पर हासिल होता है।

IV. साक्ष्य या शब्द प्रमाण : जब हम किसी विश्वासपात्र व्यक्ति के द्वारा शब्दों या पदों की, की गई व्याख्या का अर्थ का ज्ञान प्राप्त करते हैं तो इस प्रकार के ज्ञान को हम 'शब्द' या 'मौखिक प्रमाण' की संज्ञा देते हैं। सभी मौखिक कथन वैध ज्ञान को नहीं निर्मित करते हैं। यह ज्ञान किसी वैध स्रोत से आना चाहिए या उद्धरित होना चाहिए। अतः 'शब्द' वैध ज्ञान का एक माध्यम है जो किसी विश्वासपात्र व्यक्ति के कथन को समझने की आवश्यकता पर जोर देता है। प्रमाण या साक्ष्य को दो भिन्न-भिन्न तरीकों से वर्गीकृत किया जाता है। पहला वर्गीकरण शब्द को निम्नलिखित रूपों में विभक्त करता है।

- **वैदिक**—यह लिपिबद्ध प्रमाण है। इसके बारे में कहा जाता है (या कहें मान लिया गया है) कि इसकी रचना ब्रह्मा ने की है। अतः यह निश्चित रूप से परिपूर्ण है और हमेशा वैध।
- **लौकिक**—यह सांसारिक प्रमाण है। इसमें मानवीय संबंधों से जुड़े कथन हैं। अतः इसमें भूल या गलती होने की पूरी संभावनाएँ हैं। यह तभी वैध है जब किसी आधिकारिक या विश्वासपात्र व्यक्ति के द्वारा बोला जाता है।

शब्द का दूसरा वर्गीकरण वस्तु की प्रकृति को इंगित करता है और यह निम्नलिखित भागों में विभक्त होता है :

- **दृष्ट्रार्थ**—दृष्ट्रार्थ ऐसे प्रमाण या साक्ष्य की बात करता है जिसका संबंध दुनिया की उन वस्तुओं से है जिन्हें हम देख सकते हैं/समझ सकते हैं। जैसे, एक वनस्पतिशास्त्री का पौधे के बारे में कथन।
- **अदृष्ट्रार्थ**—अदृष्ट्रार्थ ऐसे प्रमाण की बात करता है जिसका संबंध उन वस्तुओं या यथार्थ से है जो अबोधगम्य हैं। जैसे, प्रकृति विज्ञानी विटामिंस के बारे में अपना कथन प्रस्तुत करता है।

इस प्रकार ज्ञान हमें शब्द प्रमाण तथा विश्वासपात्र व्यक्ति द्वारा मौखिक या लिखित वाक्यों की समझ के माध्यम से प्राप्त होता है। अतः यह महत्त्वपूर्ण है कि हम वाक्य की गूढ़ता या विशिष्टता की शर्तों को भी आत्मसात करें। ये चार शर्तें निम्नलिखित हैं—

- **आकांक्षा**—एक शब्द एकाकी रूप में संपूर्ण अर्थ को नहीं संप्रेषित करता है। शब्दों का आपसी संबंध ज्ञान संप्रेषण के लिए अर्थपूर्ण तरीके से महत्त्वपूर्ण है। असंबद्ध शब्दों से अर्थ व्युत्पत्ति संभव नहीं है और हम एक अर्थपूर्ण वाक्य भी नहीं बना सकते। जैसे, हाथी नुडल्स बार बच्चा।
- **योग्यता**—किसी वाक्य में शब्द उसके अर्थ के अंतर्विरोधी नहीं होने चाहिए। उनका ज्ञान संप्रेषण से सटीक सामंजस्य होना चाहिए। जैसे कि "घास को आग से सींचों" जैसे वाक्य बोधगम्य नहीं हैं।

- **सन्निधि**—कथनों को अर्थपूर्ण बनाने के लिए शब्दों का उच्चारण निरंतर क्रम में लगातार किया जाना चाहिए। साथ ही इनके बीच आपसी सन्निधि होनी चाहिए। ऐसा न होने की स्थिति में वाक्य अपना अर्थ खो देते हैं।
- **तात्पर्य**—संभव है कि एक शब्द के एक से ज्यादा अर्थ हो सकते हैं। यह इस बात पर निर्भर करता है कि वक्ता क्या चाहता है। कई बार शब्द वक्ता की व्यक्तिगत राय के विशेष प्रसंग या संदर्भ में निहित होते हैं। अन्यथा इसका कोई अर्थ नहीं निकलता है। उदाहरण के लिए 'सेंधों' शब्द का अर्थ घोड़ा और नमक दोनों होता है। अगर एक व्यक्ति खाना खाने के दौरान सेंधों माँगता है और उसके सामने घोड़ा लाकर रख दिया जाए तो यह पूरी तरह से असंगत एवं अर्थहीन हो जाएगा। ठीक वैसे ही युद्ध भूमि में घायल सैनिक को ले जाने के लिए सेंधों माँगा जाए और उसके सामने नमक लाकर रख दिया जाए तो यह अर्थ पूरी तरह असंगत और अर्थहीन हो जाएगा।

5. वैशेषिक शाखा—जैसा कि हम पहले भी इसकी चर्चा कर चुके हैं वैशेषिक स्कूल न्याय शाखा का सहयोगी है। यह एक-दूसरे के पूरक हैं। वैशेषिक स्कूल तत्त्वविज्ञान को उत्पन्न करता है और जिस प्रकार न्याय मीमांसा को जन्म देता है लेकिन मामूली अंतर के साथ वैशेषिक न्याय शाखा के ज्ञान मीमांसा के सिद्धांत को समर्थन करता है। फिर भी वैशेषिक प्रत्यक्ष ज्ञान और 'अनुमान' को वैध एवं स्वतंत्र प्रमाण के रूप में स्वीकार करता है। जहाँ तक इन 'प्रमाणों' का संबंध है ये 'न्याय' के प्रत्यक्ष ज्ञान और अनुमान के सिद्धांत को स्वीकार करते हैं। ये तुलना और मौखिक प्रमाण की वैधता को तो स्वीकार करते हैं लेकिन अंततः उसे अनुमान ही मान लेते हैं और उन्हें एक स्वतंत्र प्रमाण का दर्जा नहीं देते हैं।

6. सांख्य शाखा—सांख्य दर्शन की मीमांसा इसके द्वंद्ववाद में पराभौतिक विश्वास का सीधा परिणाम है। सांख्य दर्शन वैधता के एक वस्तु के निश्चित एवं शुद्ध ज्ञान को परिभाषित करता है। जो बुद्धि के संशोधन जिसमें चेतना प्रदर्शित होती है—को स्थापित करता है। वे वैध ज्ञान के तीन स्वतंत्र माध्यमों में विश्वास रखते हैं। जैसे प्रत्यक्ष ज्ञान, अनुमान एवं प्रमाण। इनका मानना है कि उपमान या तुलना अर्थपत्ति और अनुपलब्धि जैसे दूसरे ज्ञान के स्रोत पहले से ही प्रमाणों में शामिल हैं जिन्हें वे स्वीकार करते हैं। इसलिए उन्हें एक स्वतंत्र ज्ञान के स्रोत के रूप में मानना या विचार करना उचित नहीं है।

I. प्रत्यक्ष ज्ञान—अन्य दार्शनिक शाखाओं की तरह ही सांख्य दार्शनिक भी मानते हैं कि व्यक्ति के इंद्रियों के साथ वस्तु का सीधा संपर्क ही बोधात्मक ज्ञान को उत्पन्न करता है। जब एक वस्तु मसलन किताब हमें दृष्टिगत होती है तो ऐसा हमारे आँखों और वस्तु के बीच संपर्क स्थापित होने से ही संभव होता है। किताब को देखने

पर हमारी आँखों पर संशोधन की एक छाप पड़ती है जो मस्तिष्क/मानस द्वारा विश्लेषित एवं संकलित किया जाता है। इस क्रियाकलाप के माध्यम से बुद्धि किताब के रूप में संशोधित एवं परिवर्तित हो जाती है। फिर भी बुद्धि प्रकृति के जैव विकास और फलतः जड़ या अचेतन के प्रकृति का विकास का मूल होते हुए भी किताब के स्वरूप को नहीं जान सकती। यद्यपि किताब का स्वरूप उसके अंदर ही विद्यमान है। लेकिन बुद्धि प्रभावी तौर से सतत्व को धारण करती है जिसके कारण यह दर्पण की तरह उद्दिप्त एवं प्रकाशित होता है। जिसमें 'पुरुष' या 'स्वचेतना' प्रतिबिम्बित होती है। पुरुष की इस प्रतिबिम्बित चेतना के साथ बुद्धि का एक पुस्तक के रूप में अचेतन संशोधन प्रदर्शित या प्रकाशमान होता है। जब लैंप का प्रकाश सीसे के ऊपर पड़ता है तो उससे प्रतिबिम्बिन के कारण वस्तुएँ दृष्टिगोचर होती हैं। उसी प्रकार पारदर्शी अपितु अवचेतन बुद्धि 'पुरुष' के चैतन्य को प्रतिबिम्बित करता है। तथा उस ज्ञान की वस्तु को प्रकाशित कर बोधगम्य बनाता है। न्याय दर्शन की तरह ही सांख्य दार्शनिक भी प्रत्यक्ष ज्ञान के अनिश्चित और निश्चित चरणों में विश्वास रखते हैं। पहले की यह आलोचना कहते हैं बाद वाले की विवेचना।

II. अनुमान—सहवर्तिता के बारंबार निरीक्षण की आवश्यकता पर जोर देने से अलग अनुमान का सांख्य सिद्धांत न्याय के अनुमान के सिद्धांत से मेल खाता है। फिर भी दोनों के द्वारा वर्गीकरण में एक मामूली अंतर को कायम रखते हैं। सांख्य दर्शन अनुमान को दो भागों में बाँटता है—वित एवं सकारात्मक और अवित तथा नकारात्मक। वित अनुमान के सार्वभौम सकारात्मक प्रस्ताव के आधार पर उत्पन्न होता है। इस प्रकार का अनुमान आगे चलकर न्याय दर्शन में उपविभाजित हो जाते हैं जिसे 'पूर्ववत या सामान्योदृष्टा' की संज्ञा देते हैं। अवित या नकारात्मक जिसे न्याय दार्शनिक 'सेसावत' कहते हैं। सांख्य दार्शनिक भी न्याय दर्शन के अनुमान के पाँच सदस्यीय तर्क का समर्थन करते हैं।

III. साक्ष्य या शब्द प्रमाण—सांख्य दर्शन के द्वारा स्वीकार किया गया यह तीसरा 'प्रमाण' है। उनका मानना है कि ये वस्तु के ज्ञान को निष्पादित करते हैं। जो प्रत्यक्ष ज्ञान एवं अनुमान के बिना प्रकट प्रदर्शित नहीं हो सकते। शब्द सामान्यतः दो प्रकार के होते हैं—लौकिक और वैदिक। सांख्य पहले को खारिज करता है और दूसरे को वैध ज्ञान के स्वतंत्र स्रोत के रूप में स्वीकार करता है।

7. योग स्कूल—सांख्य दर्शन के विरोधी होते हुए भी ये उनके द्वारा प्रतिपादित ज्ञानमीमांसीय दृष्टिकोण का अनुसरण करते हैं। उन्हीं की तरह यह शाखा भी प्रत्यक्ष ज्ञान, अनुमान, प्रमाण एवं वैध ज्ञान के स्वतंत्र स्रोतों में भी विश्वास रखता है।

8. मीमांसा स्कूल—मीमांसकों के लिए वैध ज्ञान किसी चीज के बारे में नयी सूचनाएँ देता है तथा किसी अन्य ज्ञान का अंतर्विरोधी नहीं है। जैसे किसी भी

त्रुटिपूर्ण विचारधारा या दृष्टिकोण के लिए उत्तरदायी नहीं है। यह दार्शनिक शाखा कालांतर में प्रभाकर शाखा और भट्ट शाखा में बँट गयी। दोनों शाखाएँ वैध ज्ञान के कम से कम पाँच स्रोतों जैसे–प्रत्यक्ष ज्ञान, अनुमान, तुलना, साक्ष्य और पूर्वधारणा की स्वतंत्रता को स्वीकार करती हैं। लेकिन भट्ट शाखा ने प्रमाण के छठे रूप को भी स्वीकार किया है जिसे 'नॉन परसेप्शन' या 'अप्रत्यक्ष ज्ञान' कहते हैं। जिस तरह ज्ञान की दूसरी शाखाएँ भी ज्ञान के दो प्रकारों–परोक्ष तथा अपरोक्ष को स्वीकार करती हैं, ज्ञानमीमांसक भी स्वीकार करते हैं।

I. प्रत्यक्ष ज्ञान (अनुभव)–यह अपरोक्ष (इमिडिएट) ज्ञान है जो किसी वस्तु के वर्णित पाँच बाह्य या आंतरिक इंद्रियों में से एक जैसे मस्तिष्क के संपर्क में आने से उत्पन्न होता है। मीमांसक भी अवधारणात्मक ज्ञान के दो चरणों में विश्वास रखते हैं। ये चरण–'निर्विकल्पक और सविकल्पक' हैं। जिनके माध्यम से जागरूक चिंतन को एक निश्चित ज्ञान की प्रक्रिया से गुजरना पड़ता है। दूसरा चरण पहले चरण की प्रक्रिया के दौरान अपरोक्ष रूप से विद्यमान रहती है। इस तरह से हम देखते हैं कि दोनों को एक-दूसरे से अलग रखना संभव नहीं है।

II. अनुमान–मीमांसा का अनुमान सिद्धांत न्याय के अनुमान के समान है। इसलिए यहां उसकी पुनरावृत्ति आवश्यक नहीं है।

III. तुलना–मीमांसा दार्शनिक, न्याय दार्शनिक की तुलना या उपमान को वैध ज्ञान के एक स्वतंत्र माध्यम के रूप में समर्थन करते हैं लेकिन इनकी उपमान या तुलना के माध्यम से ज्ञान प्राप्त करने की प्रक्रिया न्याय दार्शनिकों से भिन्न है। उनका मानना है कि वस्तु को देखते ही जो हमारे सामने विद्यमान है, ऐसा लगता है कि पूर्व में मेरे द्वारा देखे गए वस्तु के समान है। तब तुलना के माध्यम से मुझे यह बोध होता है कि यह पूर्व में देखी गई वस्तु के समरूप है। उदाहरण के लिए घर में बँधी गाय वैसी दिखती है जैसी मैंने जंगल में 'गवाय' (जंगली गाय) को देखा है। हमें इस तुलनात्मक अध्ययन से नये ज्ञान का बोध होता है और हम कह सकते हैं कि गाय वैसी है जैसी 'गवाय'।

IV. साक्ष्य/शब्द प्रमाण–संपूर्ण मीमांसा दर्शन वैदिक संस्कारवाद के इर्द-गिर्द घूमता है। अतः वेदों की प्रामाणिकता को स्थापित करना उनके लिए एक महत्त्वपूर्ण कार्य है। साक्ष्य एवं सत्ता को ज्ञान की मीमांसा के सिद्धांत में प्रचुर समर्थन एवं सुरक्षा प्रदान की गयी है जो ज्ञान के स्रोत के रूप में जाने जाते हैं। मीमांसकों के लिए सभी अर्थपूर्ण वाक्यों से ज्ञान उत्पन्न होता है। बशर्ते वे विश्वसनीय व्यक्ति के द्वारा बोले गए हों। यही उनका साक्ष्य या प्रमाण सिद्धांत है। उनका विश्वास है कि साक्ष्य दो प्रकार के होने चाहिए–'पौरुषेय' और 'अपौरुषेय'। पहले लिखित या मौखिक साक्ष्य होते हैं जिनके स्रोत मनुष्य होते हैं। जबकि दूसरा वेदों की सत्ता की प्रामाणिकता की बात करता है। पहला अपने आप में वैध नहीं है। इसकी वैधता

किसी विश्वासपरक व्यक्ति के ऊपर निर्भर करती है जिसमें संदेह, त्रुटि, विरोधाभास इत्यादि पाए जाने की संभावना रहती है। जहाँ दूसरे का संबंध है यह स्वयं सिद्ध है या कहें अपने आप में वैध है। इसकी तात्विक वैधता भी स्पष्ट है। मीमांसकों का दावा है कि वेद सभी संदेहों, त्रुटियों और अंतर्विरोधों से मुक्त है। क्योंकि ये शाश्वत और 'ऑथरलेस' है। (यानी माना जाता है कि यह ब्रह्मा/ईश्वर की रचना है किसी लेखक की नहीं।)

साक्ष्य दो तरह के होते हैं—ये या तो विद्यमान वस्तु का ज्ञान कराते हैं या किसी कार्य को कराने के लिए आदेश निर्गत करते हैं। मीमांसा स्कूल शब्दों, अर्थों तथा उनके संबंधों को प्रतिपादित करने का सिद्धांत प्रस्तुत करते हैं। जिसमें वेदों के शाश्वत होने के कथन को स्थापित किया जाता है। फिलहाल इस वृहद वैचारिकी को यहाँ स्पष्ट करना या जाँच करना संभव नहीं है।

V. पूर्वधारणा—मीमांसकों के अनुसार यह ज्ञान का स्वतंत्र माध्यम है। इसे हम अर्थपत्ति या पूर्वानुमान के रूप में भी जानते हैं। जब दो स्पष्ट अतार्किक एवं असंगत तथ्य की किसी भी माध्यम से व्याख्या नहीं हो सकती तब पूर्वानुमान या पूर्वधारणा ही एक रास्ता है जो इस अंतर्विरोध को संपन्न करती है। या सुलझाती है। यह एक अनदेखे तथ्य को मान लेने की एक ऐसी प्रक्रिया जो दो ज्ञात तथ्यों के बीच विद्यमान सामंजस्यहीनता/असंगति को व्याख्यायित करती है। उदाहरण के लिए हम देखते हैं कि एक व्यक्ति दिन के समय व्रत धारण करता है और उसी के साथ-साथ उसका 'मोटापा' भी बढ़ रहा है तो हम देखते हैं कि, 'मोटा होना' और 'दिन में कुछ न खाना' के बीच एक तार्किक विसंगति है, जिसकी व्याख्या की आवश्यकता है। हम इस परस्पर विरोधी स्थिति को एक अज्ञात तथ्य जो कि व्यक्ति की रात्रि के दौरान खाना खाने के बिना न तो समझ सकते हैं न व्याख्यायित कर सकते हैं। यही मोटापा और व्रत के बीच एक स्पष्ट अंतर्विरोध को व्याख्यायित करता है। हम अपने भौतिक जीवन में लगातार हर दिन इस अनुमान की पद्धति को लागू करते हैं, जिसका हमें कोई सैद्धांतिक ज्ञान नहीं होता है। फर्ज करें अगर हम अपने मित्र से मिलने उनके घर पर जाएँ, जिनके बारे में पता है कि जीवित हैं। लेकिन वे घर पर न मिलें तो हम यह मान लेते हैं कि वे कहीं बाहर गए होंगे। यद्यपि हमने उन्हें घर से बाहर जाते हुए नहीं देखा है। व्याख्या का वही एक मात्र तरीका है जिससे हमें पता चलता है कि एक व्यक्ति जो जिंदा है लेकिन घर पर नहीं है।

मीमांसा दार्शनिक 'अर्थपत्ति' को दो भागों में बाँटते हैं—'दृष्ट्रार्थपत्ति' तथा 'श्रुतार्थपत्ति'। पहला दृश्य अंतर्विरोध को व्याख्यायित करता है तथा बाद वाला शब्दों के अर्थ में असंगति की व्याख्या करता है।

VI. अप्रत्यक्ष ज्ञान या अनुपलब्धि—भट्ट मीमांसा का मानना है कि अप्रत्यक्ष ज्ञान या अनुपलब्धि एक स्वतंत्र प्रमाण है। यह किसी वस्तु के अस्तित्वहीनता का

ज्ञान कराता है। वस्तु के अस्तित्व का ज्ञान अनुमान के द्वारा होता है। हम यह कैसे ज्ञात करें कि जमीन पर एक बर्तन है? हमें इसका बोध अनुभव या प्रत्यक्ष ज्ञान के द्वारा ही हो सकता है। प्रत्यक्ष ज्ञान या अनुभव के लिए वस्तु की उपस्थिति जरूरी है एवं इंद्रियों के साथ संपर्क भी। ऐसी स्थिति में जब बर्तन उपलब्ध न हो तो बर्तन की अनुपस्थिति को उसके अनुपलब्धि के आधार पर उसके होने का अनुमान नहीं लगा सकते। क्योंकि अनुमान बर्तन के अस्तित्वहीन एवं अनुपलब्धि के बीच 'व्याप्ति' के ज्ञान को पूर्वकल्पित करेगा। इसका आशय यह है कि हमें ज्ञात होना चाहिए कि जब हमने बर्तन नहीं देखा तो बर्तन अस्तित्व में नहीं है। लेकिन यही है जिसे हम अनुमान के माध्यम से स्थापित करना चाहते हैं। यह मानते हुए कि जो साध्य है उसे तर्क के माध्यम से सिद्ध किया जाए—यह अपने आप में प्रश्न होगा। और न ही 'अस्तित्वहीन' को तुलना या प्रमाण के माध्यम से जाना जा सकता है। इसलिए एकमात्र आश्रय यह बचता है कि हम स्वीकार करें कि अप्रत्यक्ष ज्ञान या अनुपलब्धि स्वतंत्र प्रमाण है। जिसके माध्यम से हम अस्तित्वहीन का ज्ञान प्राप्त करते हैं।

मीमांसक बहुत ही सावधानी से यह इंगित करते हैं कि अनुपलब्धि की सारी दशाएँ अस्तित्वहीन जैसी दशा के समान हैं। चूंकि हम अँधेरे में बर्तन को नहीं देख सकते इसलिए दावा नहीं कर सकते कि वस्तु का अस्तित्व है या नहीं। उन छोटे कणों की पहचान या अस्तित्व जिन्हें हम देख नहीं सकते जैसे—कण, अणु, परमाणु का अस्तित्व उनके दृष्टिगोचर न होने की वजह से उनके अस्तित्व का इनकार नहीं कर सकते। अनुपलब्धि को योग्यता के द्वारा उपयुक्त बनाया जाना चाहिए। अगर कोई वस्तु किसी खास परिस्थिति के संदर्भ में देखी जाती रही है तथा किसी दूसरी परिस्थितियों के माध्यम से नहीं देखी जाती है तभी यह दावा कर सकते हैं कि वस्तु की अनुपलब्धि इसकी अस्तित्वविहीनता को प्रदर्शित करती है।

9. वेदांत शाखा—वेदांत दर्शन वेद की भिन्न-भिन्न व्याख्याओं को अपने में समाहित किए हुए है। ज्ञानमीमांसा के रूप में उन सबकी चर्चा करना यहाँ संभव नहीं है। यहाँ अद्वैत वेदांत का संपूर्ण वेदांत शाखा के प्रतिनिधि के रूप में ज्ञानमीमांसा के तौर पर अध्ययन किया जाएगा। अद्वैतवादी सभी छह प्रमाणों में विश्वास रखते हैं। वे क्रमशः प्रत्यक्ष ज्ञान, अनुमान, तुलना, प्रमाण, पूर्वधारणा और अबोधगम्यता हैं।

I. प्रत्यक्ष ज्ञान : अद्वैत वेदांत का मानना है कि प्रत्यक्ष ज्ञान में मस्तिष्क (या अंतःकरण) इंद्रियों के माध्यम से वस्तु के साथ संबंध स्थापित करता है तथा वस्तु के रूप में परिवर्तित हो जाता है। वे पानी का उदाहरण देते हुए कहते हैं कि जिस तरह पानी घड़े का स्वरूप ले लेता है उसी तरह अंतःकरण/मस्तिष्क इंद्रियों के माध्यम से बाहर आता है और वस्तु के संपर्क में आते ही अपना एक रूप धारण कर लेता

है। मस्तिष्क का यह संशोधित रूप 'वृति' कहलाता है। अंतःकरण वस्तु को चैतन्य या 'शुद्धचित्त' के प्रकाश से धीरे-धीरे प्रकाशित करता है। तत्पश्चात वस्तु के बारे में अज्ञानता समाप्त होती है और वस्तु के अस्तित्व का बोध होता है।

II. अनुमान : सदियों से मीमांसकों ने अनुमान के सिद्धांत को विस्तृत रूप से प्रतिपादित किया है। न्यायमीमांसा में अनुमान के सिद्धांत का सबसे वृहद लेखा-जोखा विद्यमान है। जबकि ज्ञान की दूसरी अन्य शाखाएँ न्याय के अनुमान की व्याख्या से महज सहमत और असहमत हैं। इसकी वजह यह है कि उन्होंने कोई मौलिक विचार सामने नहीं रखा है। वेदांतवादियों का मानना है कि हम किसी वस्तु का अनुमान दो वस्तुओं के बीच स्थित 'व्याप्ति' के आधार पर करते हैं। आग और पहाड़ के मद्देनजर जब हम पहाड़ पर धुआँ देखते हैं तो धुआँ और आग के बारे में पूर्ववर्ती विचार हमारे अवचेतन में जाग्रत होते हैं और हम अनुमान लगाते हैं कि पहाड़ पर आग है।

वेदांतवादी सहवर्तिता के एक रूप में 'केवलान्वयी' पर जोर देते हैं जो सहमति का एक तरीका है। वे अनुमान के दूसरे प्रकारों को खारिज करते हैं। वेदांतवादी 'व्याप्ति' की स्थापना में उदाहरण की पुनरावृत्ति की बात करते हैं। इस उद्देश्य के लिए वे एक अर्थपूर्ण एवं प्रसांगिक उदाहरण को पर्याप्त मानते हैं और इसी पर विचार करते हैं।

जहां न्यायमीमांसकों ने अनुमान की प्रक्रिया को पाँच चरणों में सूत्रबद्ध किया है वहीं वेदांती निम्नलिखित तीन चरणों को ही स्वीकार करते हैं–

पहाड़ अग्निजनित है (प्रतिज्ञा)
क्योंकि वहां धुआँ है (हेतु)
उदाहरण के लिए रसोईघर (दृष्टांत)

इन सूक्ष्म अंतर के अलावा वेदांतवादी न्याय के अनुमान के सिद्धांत से सहमत हैं।

III. तुलना : अद्वैत वेदांत में 'तुलना' का दृष्टिकोण भट्ट मीमांसा के दृष्टिकोण के समरूप है। जिसकी चर्चा हम पूर्ववर्ती दार्शनिक शाखा के अंतर्गत कर चुके हैं इसलिए यहां इसकी पुनरावृत्ति आवश्यक नहीं है।

IV. साक्ष्य/शब्द प्रमाण : अद्वैत वेदांत स्कूल में मौखिक प्रमाण या शब्द प्रमाण के सिद्धांत को विश्लेषित किया गया है जिसकी विस्तृत चर्चा यहाँ संभव नहीं है। अद्वैतवादियों का मानना है कि 'साक्ष्य' एक स्वतंत्र 'प्रमाण' नहीं है। लेकिन वे उसके 'उच्चस्तर' को स्वीकार करते हैं। क्योंकि वे स्वयं वेदों की सत्ता पर निर्भर हैं। उनका दावा है कि यही एकमात्र प्रमाण है। यही मानवीयता या संवेदनशील तथ्यों से जोड़ता है और पारलौकिक सत्यों से हमें प्रकाशित करता है। वेदांतवादियों का मानना है कि विश्वासपात्र लोगों के शब्दों पर भरोसा एक श्रद्धा की चीज है जिसके

सत्यापन की जरूरत नहीं है। उनके लिए शब्द प्रमाण का अर्थ 'आगम' या एक ऐसा उपयुक्त शब्द जो पूरी तरह से त्रुटिमुक्त है।

अद्वैतवादी मौखिक प्रमाण के दो प्रकारों को स्वीकार करते हैं—लौकिक और धर्मग्रंथी या शास्त्र प्रमाण (वैदिक)। उनका मानना है कि धर्मग्रंथी पाठों का विशेष उद्देश्य एक साधारण आदमी के अनुभवों से परे सत्यों को उजागर करता है। 'प्रमाण' के रूप में साक्ष्य पर निर्भरता बहुत महत्त्वपूर्ण बन जाती है विशेषतः इस प्रसंग में कि परम ज्ञान का अनुभव मौखिक ज्ञान के माध्यम से सतत रूप से आगे बढ़ाया जाता है। इससे पहले कि कोई व्यक्ति अपना एक अंतः दृष्टिकोण बनाए या विकसित करे उसके लिए आवश्यक है कि ग्रंथों या विशिष्ट गुरु/योग्य गुरु या दोनों के द्वारा 'आत्म' और 'ब्रह्म' का वर्णन किस प्रकार किया गया है—को जाने।

वाक्य 'शब्द प्रमाण' की एक इकाई है। ग्रंथों में महावाक्य के अर्थ महज उनके शब्दों के समुच्च्य में स्थित नहीं रहता। इनके सही स्रोतों एवं माध्यमों पर पकड़ कायम करने के लिए व्यक्ति को शब्दों की स्वतंत्र अर्थों को ही नहीं अपितु शब्दों के अर्थों के संबंध एवं संदर्भों को भी जानना जरूरी है। वेदांती वाक्य के अर्थ उपयुक्तता की चार दशाओं जैसे आकांक्षा, योग्यता, सन्निधि एवं तात्पर्य में विश्वास रखते हैं जिनकी चर्चा हम न्याय के प्रमाण के सिद्धांत के अंतर्गत कर चुके हैं।

वेदांत दर्शन में शब्द प्रमाण एक विशिष्ट स्थान रखता है। क्योंकि वेदांत दर्शन मानता है कि यह महावाक्यों की श्रुति है जिसमें तर्क, ध्यान समाहित रहता है जो हमें ब्रह्म की अनुभूति कराता है।

V. पूर्वधारणा : अद्वैत वेदांत का पूर्वधारणा का विचार भट्ट मीमांसा के विचार के बिल्कुल समरूप है जिसकी चर्चा हम पिछली शाखा में कर चुके हैं। यहाँ उसकी पुनरावृत्ति आवश्यक नहीं है फिर भी इन दोनों के बीच एक अंतर है। भट्ट मीमांसकों की तरह अद्वैतवादी भी 'अर्थपत्ति' को 'दृष्ट्रार्थपत्ति' और 'श्रुतार्थपत्ति' में विभाजित करते हैं। साथ ही एक कदम आगे बढ़कर श्रुतार्थपत्ति को पुनः निम्नलिखित दो प्रकारों में विभाजित करते हैं—

अ. अविधानानुपत्ति : यह एक ऐसा वाक्यांश है जिसमें वक्ता व्याकरणिक रूप से कथन को पूरा नहीं कर पाता। यहाँ वक्ता वाक्य के एक हिस्से को ही बोलता है जो वक्ता के इरादे या परिकल्पना को पूर्ण रूप से अभिव्यक्त नहीं कर पाता। लेकिन श्रोता उन खोये हुए शब्दों को समझ लेता है। उदाहरण के लिए जब वक्ता सामान्य रूप से 'द्ववरम'/'दरवाजा' शब्द उच्चारित करता है तो श्रोता उसको समझ नहीं पाता है कि वक्ता क्या चाहता है लेकिन वह अनुमान से समझ लेता है कि दरवाजा बंद करना है।

ब. अभिहितानुपपत्ति : इस दशा में वाक्य पूरा होता है लेकिन इसका अर्थ तथ्य के अनुमान या प्रकल्पना के बिना अधूरा रहता है। उदाहरणार्थ "जो स्वर्ग की

इच्छा करे उसे 'ज्योतिस्त्मा' या 'बलिदान' देना चाहिए"—जैसे वाक्य का अर्थ तब तक नहीं समझा जा सकता है जब तक बलिदानी की आत्मा में निहित उस भाव या क्षमता को न जान लिया जाए जो स्वर्ग प्राप्ति तक उसकी आत्मा में साथ रहती है।

VI. अबोधगम्यता : आमतौर से कहा जाए तो अद्वैतवादी अपनी अबोधगम्यता को स्वीकार करने के सिद्धांत की भट्ट मीमांसा स्कूल के साथ-साथ एक स्वतंत्र प्रमाण के रूप में समर्थन करते हैं। जिनका दृष्टिकोण हम पहले ही पूर्ववर्ती अध्याय में देख चुके हैं। अतः पुनरावृत्ति की कोई आवश्यकता यहाँ नहीं है।

ये ही भारतीय दर्शन की विभिन्न शाखाएँ और उनके ज्ञान के सिद्धांत हैं।

संदर्भ-सूची

डा. राधाकृणन, भारतीय दर्शन (भाग-प्रथम, द्वितीय), राजपाल एंड संज़, दिल्ली, 2009

ई.एच. कार, इतिहास क्या है, मैकमिलन इंडिया लिमिटेड, 1997

सुधीश पचौरी, आलोचना से आगे, राधाकृष्ण प्रकाशन, दिल्ली, 2000

देरिदा, ऑफ ग्रामेटोलोजी, जॉन हापकिंस यूनिवर्सिटी प्रेस, 1998

रोलां बार्थ, प्लैजर ऑफ टेक्स्ट, 1976

सुजान सोंटाग, अ बार्थ रीडर, 1981

फर्डीनेंस सासूर, ए कोर्स इन जनरल लिंग्विस्टिक, 1974

टेरी ईगलटन, क्रिटिसिज्म एंड आइडियोलॉजी, 1976

टेरी ईगलटन, मार्क्सिज्म एंड लिटररी क्रिटिसिज्म, 1971

अभिजीत कुंडु, प्रमोद के नायर, श्वेता (अंडरस्टैंडिंग द ह्युमिनिटीज, लैंग्वेज कल्चर एंड आइडेंटिटी, नैरेशन एंड रिप्रेजेंटेशन, इंडियन फिलासफी), द ह्युमिनिटीज : मेथोडोलोजी एंड पर्सपेक्टिव्स, पियर्सन एडुकेशन